改訂版

教科書にそって学べる

国語教科書プリントの特色と使い方

光村図書版

新教材を追加して全面改訂！ 教科書にそって使えます。

・教科書と同じ配列なので，授業の進度に合わせて使えます。
・目次の 教科書 マークがついている単元は教科書の本文が掲載されていませんので，教科書をよく読んで学習しましょう。

豊かな読解力や確かな言葉の力がつきます。

・文学作品や説明文の問題がたくさん掲載されているので，豊かな読解力がつきます。
・ことばや文法の練習問題をさまざまな形式で出題しているので，確かなことばの力がつきます。
・漢字は，読み・書きの両方が学習出来るので，とても使いやすく力もつきます。

予習・復習やテスト対策にもばっちりです。

・教科書に合わせて，基礎･基本的な問題から，活用力を必要とする問題まで掲載されているので，ご家庭や学校での予習･復習に最適です。また，テストに出やすい問題がたくさん掲載されています。

わかりやすい設問・楽しいイラストで学習意欲も向上します。

・設問は，できる限り難しい言葉を使わないようにしています。また，ところどころに楽しいイラストを入れました。
・A4 サイズのプリントになっているので，文字も読みやすく，解答欄も広々していて書きやすいです。
（A4 → B4 に拡大して使用していただくと，もっと広々使えます。）
・一日一ページ，集中して楽しく学習できるよう工夫されています。

2年　目次

〈教科書上〉

ふきのとう …… 3
　どんな　おはなしかを　たしかめて、音読しよう
　こくごの　学びを　見わたそう
　じゅんばんに　ならぼう

きせつの　ことば― 春が　いっぱい …… 4

ともだちは　どこかな …… 8
　だいじな　ことを　おとさないように　聞こう
　きせつの　ことば― 春が　いっぱい

たんぽぽの　ちえ …… 10
　じゅんじょに　気を　つけて　読もう
　たんぽぽのちえ（全文読解）…… 11 教科書

かんさつ名人に　なろう …… 14
　ていねいに　かんさつして、きろくしよう

いなばの白うさぎ（全文読解）…… 15 16 教科書
　同じ　ぶぶんを　もつ　かん字

スイミー …… 17 20 教科書
　お話を　読み、すきな　ところを　つたえよう
　スイミー（全文読解）教科書

丸、点、かぎ …… 21

きせつの　ことば2　夏がいっぱい …… 22

ミリーのすてきなぼうし …… 24 25 教科書
　ミリーのすてきなぼうし
　ミリーのすてきなぼうし

雨のうた …… 27
　書いたら、見直そう
　読んで考えたことを　話そう …… 28

どうぶつ園のじゅうい …… 29 30 教科書
　どうぶつ園のじゅうい
　どうぶつ園のじゅうい 教科書

なかまのことばとかん字 …… 32 33
　かたかなの　ひろば

〈教科書下〉

お手紙 …… 34 教科書
　自分とくらべて読み、とうじょうじんぶつに手紙を書こう
　主語と述語に気をつけよう …… 39 41
　かん字の読み方

きせつの　ことば3　秋がいっぱい …… 42

そうだんにのってください …… 44
　みんなで話をつなげよう

おもちゃの作り方をせつめいしよう …… 45 46
　せつめいのしかたに　気をつけて読み、それをいかして書こう
　紙コップ花火の作り方

にたいみのことば、はんたいのいみのことば …… 47
　はんたいのいみのことば

みきのたからもの …… 48
　思いうかべたことをもとに、お話をしょうかいしよう

お話のさくしゃになろう …… 50
　組み立てを考えて、お話を書こう

きせつのことば4　冬がいっぱい …… 52
　ねこのこ／おとのはなびら …… 54 55
　かたかなで書くことば

ロボット …… 56
　だいじなことばに気をつけて読み、分かったことを知らせよう

見たこと、かんじたこと …… 58
　詩を作って、読み合おう …… 57
　ようすをあらわすことば
　ことばについて考えよう …… 59
　カンジーはかせの大はつめい …… 60

スーホの白い馬 …… 63
　読んで、かんじたことをつたえ合おう
　スーホの白い馬（全文読解）教科書

かん字の広場(1)(2) …… 64
かん字の広場(3)(4)(5) …… 65
かん字①（読み・書き）…… 66
かん字②（読み・書き）…… 68
かん字③（読み・書き）…… 70
かん字④（読み・書き）…… 72
かん字⑤（読み・書き）…… 74
かん字⑥（読み・書き）…… 76

解答 …… 78

※ 教科書 …このマークのある単元は教科書を読んでやりましょう。

こくごの 学びを 見わたそう
じゅんばんに ならぼう

名前

● 一年生で 学んだ こと

(1) はなす・きく・かく・よむ とき、気を つけなければ ならない ことに ○を つけましょう。

① はなす とき ※一つ○をつけましょう。

（ ）できるかぎり 大きな こえで はやく はなす。

（ ）はなす じゅんじょを かんがえて ききやすい はやさで はなす。

② きく とき ※一つ○をつけましょう。

（ ）はなしを ききおわったら、もっと しりたい ことを きく。

（ ）はなしを ききおわったら、おもった ことは、いわずに こころに しまっておく。

③ かく とき ※二つ○をつけましょう。

（ ）「は」「を」「へ」を 正しく つかって かく。

（ ）文字は、ていねいさより はやさを たいせつにして 書く。

（ ）文の おわりに まる（。）を つける。

④ よむ とき ※二つ○をつけましょう。

（ ）できるだけ いきつぎを しないで いっきに よむ。

（ ）せつめいの じゅんに 気を つけて よむ。

（ ）だれが、なにを いったかを、たしかめながら よむ。

● じゅんばんに ならぼう

(2) つぎの ①〜③の じゅんばんに ならぶように（ ）に 名まえを かきましょう。

名まえ	たんじょう日	おきたじかん
ゆうか	九月二十日	六時三十ぷん
ひさし	四月八日	五時二十ぷん
あき	七月五日	五時四十五ふん
すばる	十二月三十一日	五時十ぷん
なおと	十一月十六日	七時七ふん

① たんじょう日が 早い 人から じゅんばんに かきましょう。

（ ）→（ ）→（ ）→（ ）→（ ）

② 名まえの はじめが あいうえおの じゅんばんに なるように かきましょう。

（ ）→（ ）→（ ）→（ ）→（ ）

③ おきた じかんが 早い 人から じゅんばんに かきましょう。

（ ）→（ ）→（ ）→（ ）→（ ）

ふきのとう　(1)

名　前

よが　あけました。
あさの　ひかりを
あびて、
竹やぶの　竹の
はっぱが、
「さむかったね。」
Ⓐ「うん、さむかったね。」
と　ささやいて　います。
雪が　まだ　すこし
のこって、
あたりは　しんと
して　います。
どこかで、㋐小さな　声が
しました。
Ⓘ「よいしょ、よいしょ。
おもたいな。」
竹やぶの　そばの
ふきのとうです。
雪の　下に
あたまを　出して、
雪を　どけようと、
㋑ふんばって　いる
ところです。
Ⓤ「よいしょ、よいしょ。
そとが　見たいな。」

（令和六年度版　光村図書　こくご　二上　たんぽぽ　くどう　なおこ）

● 上の　文しょうを　読んで　こたえましょう。

(1) あさ・ひる・よる。いつの　できごとですか。（13）

（　　　　）

(2) あさの　ひかりを　あびて　いるのは　だれですか。（13）

（　　　　）

(3) ⒶⒾⓊは　だれが　いった　ことば　ですか。（10×3）

Ⓐ（　　　　）

Ⓘ（　　　　）

Ⓤ（　　　　）

(4) 竹やぶの　ようす　二つに　○を　つけましょう。（9×2）

（　）あたたかい
（　）雪が　すこし　のこって　いる。
（　）雪が　たくさん　のこって　いる。
（　）さむい

(5) ㋐小さな　声　とは、だれの　声ですか。（13）

（　　　　）

(6) ふきのとうは　なにを　しようと　㋑ふんばって　いるのですか。（13）

（　　　　）

ふきのとう (2)

名　前

「ごめんね。」
と、雪が　言いました。
(あ)「わたしも、早く　とけて
水に　なり、とおくへ
行って
あそびたいけど。」
と、㋐上を　見上げます。
(い)「竹やぶの　かげに
なって、㋑お日さまが
あたらない。」
と　㋒ざんねんそうです。
「すまない。」
と、竹やぶが
言いました。
(う)「わたしたちも、
ゆれて　おどりたい。
ゆれて　おどれば、
㋓雪に　日が　あたる。」
と、上を　見上げます。
(え)「でも、はるかぜが
まだ　こない。
はるかぜが　こないと、
おどれない。」
と　㋔ざんねんそうです。

（令和六年度版　光村図書　こくご　二上　たんぽぽ　くどう　なおこ）

● 上の　文しょうを　読んで　こたえましょう。

(1) (あ)(い)(う)(え)は　だれが　いった　ことばですか。（10×4）

(あ)（　　　）　(い)（　　　）
(う)（　　　）　(え)（　　　）

(2) ㋐上を　見上げたのは　だれですか。（10）

（　　　）

(3) ㋑お日さまが　あたらないのは　なぜですか。（10）

（　　　）

(4) ㋒ざんねんそうなのは　だれですか。（10）

（　　　）

(5) (う)の　ことばの　中で　だれが、どんなことを　したら　㋓雪に　日が　あたると　言って　いますか。（10×2）

・だれが（　　　）
・どんな　ことを（　　　）

(6) ㋔ざんねんそう　とありますが、どんなことが　ざんねんなのですか。（10）

（　　　）

ふきのとう (3)

名前

空の 上で、お日さまが
わらいました。
「おや、はるかぜが
ねぼうして いるな。
竹やぶも 雪も
ふきのとうも、みんな
こまって いるな。」
そこで、南を むいて
言いました。
「おうい、はるかぜ。
おきなさい。」
お日さまに おこされて、
はるかぜは、大きな
あくび。
それから、せのびして
㋐言いました。
「や、お日さま。や、㋑みんな。
おまちどお。」
はるかぜは、
むね いっぱいに
いきを すい、
ふうっと
㋒いきを
はきました。

（令和六年度版 光村図書 こくご 二上 たんぽぽ くどう なおこ）

● 上の 文しょうを 読んで こたえましょう。

(1) 空の 上で、わらったのは だれですか。（8）

（　　　　）

(2) ねぼうして いるのは だれですか。（8）

（　　　　）

(3) こまって いるのは だれですか。（8×3）

（　　　　）（　　　　）（　　　　）

(4) はるかぜは、なにを してから ㋐言いましたか。二つ かきましょう。（8×2）

（　　　　）（　　　　）

(5) ㋑みんなとは だれの ことですか。（8×3）

（　　　　）（　　　　）（　　　　）

(6) はるかぜは どのように ㋒いきを はきましたか。（　）に ことばを かきましょう。（10×2）

むね（　　　　）いきを すい、
（　　　　）いきを はきました。

ふきのとう (4)

名前

はるかぜに　ふかれて、
竹やぶが、
ゆれる
ゆれる、
おどる。
雪が、
とける
とける、
水に　なる。
ふきのとうが、
ふんばる、
せが　のびる。
ふかれて、
ゆれて、
とけて、
ふんばって、
――もっこり。
ふきのとうが、
㋐かおを　出しました。
「こんにちは。」
もう、
すっかり　はるです。

（令和六年度版　光村図書　こくご　二上　たんぽぽ　くどう　なおこ）

● 上の　文しょうを　読んで　こたえましょう。

(1) つぎの　ことばは、なんの　ようすを　あらわしますか。「竹やぶ・雪・ふきのとう」から　えらんで　（　）に　かきましょう。（9×6）

① 水に　なる　（　　）
② ゆれる　（　　）
③ せが　のびる　（　　）
④ ふんばる　（　　）
⑤ おどる　（　　）
⑥ とける　（　　）

(2) つぎの　上の　ことばと　あう　下の　ことばを、――せんで　むすびましょう。（9×3）

① もっこり・　　・竹やぶ
② ふかれて・　　・雪
③ とけて・　　・ふきのとう

(3) ふきのとうは　どこから　㋐かおを　出しましたか。（9）

（　　　）の　下から。

(4) きせつは　すっかり　いつに　なりましたか。（10）

（　　　）

きせつの ことば 1

春が いっぱい (1)

名前

● 上の 絵を 見て こたえましょう。

(1) 春に かんけいの ある 花や 草の 名まえを □ から さがして 四つ 書きましょう。(10×4)

（　　　　）（　　　　）

（　　　　）（　　　　）

さくら・なの花・かき・トマト
たんぽぽ・すみれ・とうもろこし
いちょう・つくし・ひいらぎ
うめの花・れんげそう

(2) 春に かんけいの ある 生きものの 名まえを □ から さがして 六つ 書きましょう。(10×6)

（　　　　）（　　　　）（　　　　）

（　　　　）（　　　　）（　　　　）

てんとう虫・赤とんぼ・ひばり
おたまじゃくし・かぶと虫・うぐいす
もんしろちょう・すず虫・くわがた虫
みの虫・みつばち・ほたる

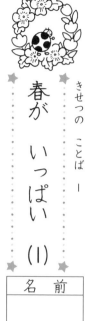

きせつの ことば 1

春が いっぱい (2)

名前

はなが さいた

まど・みちお

ⓐ

はなが さいた
はなが さいた
はひふへ ほほほ
はなが さいて
みない ひと いない

ⓘ

はなが さいた
はなが さいた
ほへふひ ははは
はなが さいて
おこる ひと いない

(令和六年度版 光村図書 こくご 二上 たんぽぽ まど・みちお)

● 上の しを 読んで こたえましょう。

(1) この しの だい名を 書きましょう。(14)

(　　　　)

(2) この しを かいた 人の 名まえを 書きましょう。(14)

(　　　　)

(3) この しの 中に、だい名と おなじ ことばは なんかい 出て きますか。(10)

(　　)かい

(4) この しの ⓐと ⓘに、すべて おなじ ことばを つかった ぎょうが 三ぎょう あります。(　)に 書き出しましょう。(14×3)

(　　　　)
(　　　　)
(　　　　)

(5) この しの ⓐに ある ぎょうの ことばを さかさまに すると ⓘに ある ぎょうの ことばに なる ところが あります。さがして □に ことばを かきましょう。(10×2)

ⓐ はひふへ □ ほほ

ⓘ □□□□ □ はは

ともだちは　どこかな

名前

● 上の 絵を 見て こたえましょう。

(1) おみせが 三げん ならんでいます。
おみせの 名まえを 書きましょう。

(2) つぎの もんだいに こたえましょう。

① わたしは、スカートを はいて ふうせんを もっています。わたしは、おもちゃやに います。
・わたしの スカートを 赤いろに ぬってください。

② わたしは、本やに います。高い ところに ある 本を おみせの人に とってもらっています。
・わたしの スカートを きいろで ぬってください。

(3) 上の 絵の ㋐の 子に ついて くわしく せつめいしましょう。
(どんな ふくそう ですか。だれと いっしょに いますか。なにを して いますか。など)

たんぽぽの　ちえ　(1)

名前

この　ころに　なると、
㋐それまで　たおれて　いた　花の　じくが、また　おき上がります。
そうして、せのびを　するように、ぐんぐん　のびて　いきます。

なぜ、㋑こんな　ことを　するのでしょう。㋒、せいを　高く　する　ほうが、わた毛に　風が　よく　あたって、たねを　とおくまで　とばす　ことが　できるからです。

（令和六年度版　光村図書　こくご　二上　たんぽぽ　うえむら　としお）

● 上の　文しょうを　読んで　こたえましょう。

(1) 花の　じくは、㋐それまで　どうなって　いましたか。 (20)

（　　　　）

(2) ㋑こんな　こと　とは、どんな　ことですか。二つに　○を　つけましょう。 (20×2)

（　）花の　じくを　もっと　たおすこと。
（　）花の　じくが　また　おき上がること。
（　）おじぎを　するように　まがって　いくこと。
（　）せのびを　するように　ぐんぐん　のびて　いくこと。

(3) ㋒に　あてはまる　ことばに　○を　つけましょう。 (20)

（　）つぎに
（　）それは
（　）しかし

(4) なぜ、㋑こんな　ことを　するのですか。 (20)

（　　　　）

たんぽぽの ちえ (2)

名前

よく 晴れて、風の
ある 日には、
わた毛の らっかさんは、
いっぱいに ひらいて、
とおくまで とんで いきます。
㋐［　　］、しめり気の
多い 日や、
雨ふりの 日には、わた毛の
らっかさんは、すぼんで
しまいます。それは、わた毛が
しめって、おもく なると、
たねを とおくまで とばす
ことが できないからです。
㋑［　　］、たんぽぽは、
いろいろな ㋒ちえを
はたらかせて います。
そうして、あちらこちらに
たねを ちらして、
新しい なかまを
ふやして
いくのです。

（令和六年度版 光村図書 こくご 二上 たんぽぽ うえむら としお）

● 上の 文しょうを 読んで こたえましょう。

(1) 上の 文の ㋐［　］㋑［　］に あてはまる ことばを ［　］から えらんで 文の ㋐［　］㋑［　］に 書き入れましょう。（10×2）

または　このように　でも

(2) わた毛の らっかさんが すぼんでいる ようすを あらわす 絵に ○を つけましょう。（8）

（　）（　）

(3) つぎの ①と②の日には、わた毛の らっかさんは どうなりますか。（24×2）

① よく 晴れて、風の ある 日。

（　　　　）

② しめり気の 多い日や、雨ふりの 日。

（　　　　）

(4) たんぽぽは、なぜ、いろいろな ㋒ちえを はたらかせて、あちこちに たねを ちらすのですか。（24）

（　　　　）

たんぽぽの ちえ (3)

（全文読解《ぜんぶんどっかい》）

名　前

教科書《きょうかしょ》

「たんぽぽの ちえ」を さいしょから さいごまで 読んで こたえましょう。

(1) つぎの 文には たんぽぽの 花が さいてから わた毛が できるまでの ようすが 書いてあります。じゅんばんに なるように （　）に 1から 5の すう字を 書きましょう。 (20)

（　）花の じくが じめんに たおれ、花は かれて 白い わた毛が できる。

（　）花の じくが また おき上がり、せのびを する ように のびる。

（　）黄色い 花が さく。

（　）花は しぼんで 黒っぽい 色に なる。

（　）わた毛の らっかさんで たねを とおくまで とばす。

黄色い　花が　さく

花が　しぼんで
黒っぽい　色になる

花の　じくが　じめんに
たおれ　白い　わた毛が　できる

花の　じくが　また
おき上がる

わた毛の　らっかさんで
たねを　とばす

(2) つぎの たんぽぽの ちえには、どんな わけが ありますか。［　］から えらんで ㋐〜㋓の きごうを （　）に 書きましょう。 (20×4)

（　）花の じくが ぐったりと じめんに たおれる。

（　）花が かれたあと 白い わた毛が できる。わた毛の 一つ一つは、ひろがると、らっかさんのように なる。

（　）花の じくが また おき上がり、せのびを する ように のびる。

（　）しめり気の 多い 日や、雨ふりの 日には、わた毛の らっかさんは、すぼんで しまう。

㋐ わた毛に ついて いる たねを、ふわふわと とばすため。

㋑ わた毛が しめって、おもく なると、たねを とおくまで とばす ことが できないから。

㋒ せいを 高く すると、わた毛に 風が よく あたり、たねを とおくまで とばす ことが できるから。

㋓ 花と じくを 休ませて たねに えいようを おくるため。

かんさつ名人に なろう

名前

①

㋐五月十七日（金）晴れ
　㋑ミニトマトに黄色い花がさきました。
　花は、㋒ほしみたいな形にひらいていて、花びらはどれもそりかえっています。花びらをそっと㋓さわってみたら、さらさらしていました。

②

六月七日（金）くもり
　ミニトマトのみが大きくなってきました。
　いちばん大きなみは、ビー玉ぐらいです。色は、㋐みどり色です。さわってみると、㋑つるつるしていました。みの先の方には、かれた花がついていることに気がつきました。かおを近づけたら、赤いトマトと㋒同じにおいがしました。

（令和六年度版　光村図書　こくご　二上　たんぽぽ「かんさつ名人に　なろう」による）

● 上の ①の 文しょうを 読んで こたえましょう。

(1) つぎの ことが 書いて ある ところを、上の 文の ―線㋐～㋓から えらんで（　）に 書きましょう。（10×4）

①（　　）かんさつ した ものの 形。

②（　　）日づけ、曜日、天気。

③（　　）どう やって かんさつ したのか。

④（　　）なにを かんさつしたか。

● 上の ②の 文しょうを 読んで こたえましょう。

(1) なにを かんさつ して いますか。（15）

（　　　　）

(2) いちばん 大きな みは どの ぐらいの おおきさですか。（15）

（　　　　）

(3) ②の 文の ㋐㋑㋒は、どうやって かんさつ しましたか。□から えらんで（　）に あいうを 書きましょう。（10×3）

㋐（　　）　㋑（　　）　㋒（　　）

あ 見て かんさつした。
い においを かいで かんさつした。
う さわって かんさつした。

いなばの 白うさぎ（全文《ぜんぶん》読解《どっかい》）

教科書《きょうかしょ》

名前

「いなばの 白うさぎ」を さいしょから さいごまで 読んで こたえましょう。

(1) いずもの 国《くに》には、何人の かみさまが いましたか。⑩

（　　　　）

(2) かみさまの きょうだいの すえっ子の なまえを 書きましょう。⑩

（　　　　）

(3) 赤はだかの うさぎに にいさんたちは なにを すると よいと いいましたか。⑩

（　　　　）

(4) つぎの 文に あう 絵を 下の ㋐～㋕の 中から えらんで （　）に 書きましょう。(10×6)

①（　）だまされたと しった わにには、おこって うさぎに かみつき 毛《け》を むしりとった。

②（　）いたくて ないている うさぎに オオクニヌシが 「どうしたの かね」と やさしく きいた。

③（　）うさぎは、わにを だまして けたの みさきまで 行こうとした。

④（　）あまりの いたさに うさぎは ないていた。

⑤（　）うさぎは、オオクニヌシに おしえて もらったとおりに した。すると、元《もと》どおりの 白いうさぎに もどった。

⑥（　）兄さんたちは、赤はだかの うさぎを からかい しお水を あびさせて 風《かぜ》に あたらせた。

※わに…ここでは、サメのこと

(5) つぎの 絵が おはなしの じゅんに なるように、□に 1～6の ばんごうを 書きましょう。⑩

㋐

㋑

㋒

㋓

㋔

㋕

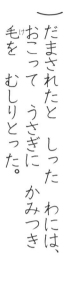

同じ ぶぶんを もつ かん字

名前

(1) ——線の 二つの かん字の 同じ ぶぶんを □に 書きましょう。（5×8）

① 海まで 汽車に のって 行く。

② 今から、会社に 行く。

③ 小刀で えだを 切る。

④ この 店内では、十円で ジュースが のめる。

⑤ この 村で 少し 休もう。

⑥ おり紙に 線を ひく。

⑦ 空と いう かん字を ならう。

⑧ きょうは、よく晴れて 青い 空が ひろがっている。

□ □ □ □ □ □ □ □

(2) つぎの ぶぶんを もつ かん字を、[ ]から えらんで 書きましょう。（5×6）

① 言 … □ □ □

② 日 … □ □ □

[曜　話　音　読　春　記]

(3) つぎの かん字は 同じ ぶぶんを もっています。□に 同じ ぶぶんを 書きましょう。（10×3）

① □早 □化

② □泉 □会

③ □力 糸□

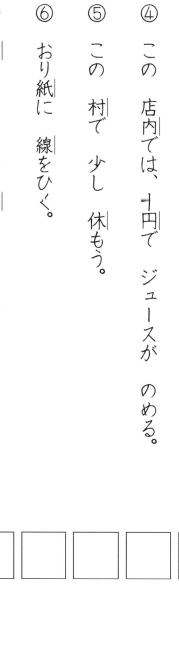

スイミー (1)

名前

教科書《きょうかしょ》

〔広い 海の どこかに、…
…とても かなしかった。〕
までの 文しょうを 読んで こたえましょう。

(1) 小さな 魚の きょうだいたちに ついて こたえましょう。

① どこに くらして いましたか。(8)

（　　　　）の どこか。

② どのように くらして いましたか。(8)

（　　　　）くらして いた。

③ みんな どんな 色を して いましたか。(8)

（　　　　）

④ スイミーは どんな 色を して いましたか。(8×2)

（　　　　）よりも

（　　　　）

⑤ およぐのが だれよりも はやかったのは だれですか。(6)

(2) ある日 おそろしい まぐろは どのように つっこんで きましたか。（ ）に あてはまる ことばを かきましょう。(8×3)

（　　　　）を すかせて、すごい

（　　　　）で（　　　　）

みたいに つっこんで きた。

(3) 『まぐろは、小さな 赤い 魚たちを 一ぴき のこらず のみこんだ。』と ありますが、あてはまる ものに ○を つけましょう。(6)

（　）スイミーも 赤い 魚も ぜんぶ のみこんだ。

（　）小さな 赤い 魚を ぜんぶ のみこんだ。

(4) くらい 海の そこを およぐ スイミーの 気もちを 三つ 書きましょう。(8×3)

・（　　　　）

・（　　　　）

・とても（　　　　）

スイミー (2)

名前

教科書《きょうかしょ》

〔けれど、海には、すばらしい ものが…
〜
…やしの 木みたいな いそぎんちゃく。〕
までの 文しょうを 読んで こたえましょう。

(1) おもしろい ものを 見る たびに、スイミーは どうなりましたか。(14)

(　　　　)

(2) つぎの ことばは、どの 生きものを あらわしていますか。[　] から えらび、ⓐⓘⓤで こたえましょう。(10×3)

① 水中ブルドーザー (　)

② 見えない 糸で ひっぱられて いる (　)

③ にじ色の ゼリー (　)

[ⓐ くらげ　ⓘ いせえび　ⓤ 魚たち]

(3) こんぶや わかめの 林は どこから 生えて いますか。(12)

(　　　　)

(4) うなぎは、どんなふうに 長いですか。(14)

(　　　　)

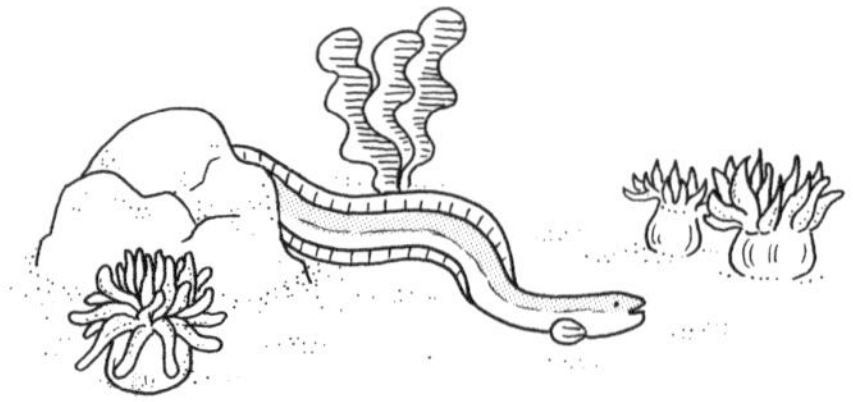

(5) いそぎんちゃくは どのように あらわされていますか。(　)に あてはまる ことばを 書きましょう。(10×3)

(　　　　)に ゆれる

(　　　　)色の(　　　　)の木 みたい

スイミー　(3)

名　前

教科書《きょうかしょ》

〔その　とき、岩かげに…
…大きな　魚を　おい出した。〕
までの　文しょうを　読んで　こたえましょう。

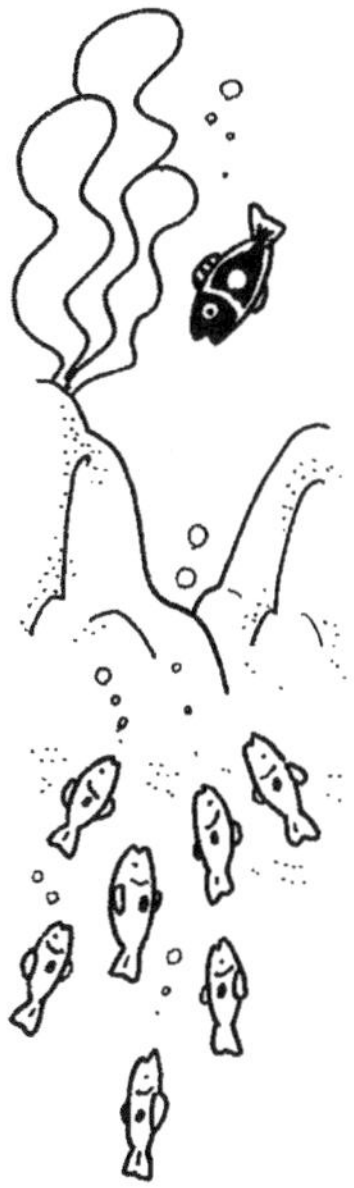

(1)　その　とき、スイミーは　岩かげに　なにを　見つけましたか。(15)

（　　　　　　）

(2)　魚の　きょうだいたちに　「出て　こいよ。」と　言ったのは　だれですか。(15)

（　　　　　　）

(3)　(2)の　とき　小さな　魚たちは　なんと　こたえましたか。○を　つけましょう。(10)

（　）なんとか　考えなくちゃ。

（　）おもしろい　ものが　いっぱい　だよ。

（　）だめだよ。大きな　魚に　食べられて　しまうよ。

(4)　スイミーが　考えた　ようすが　わかる　文を　三つ　さがして、（　）に　あてはまる　ことばを　書きましょう。(10×3)

（　　　　　　）は　考えた。

（　　　　　　）考えた。

（　　　　　　）考えた。

(5)　スイミーは　とつぜん　なんと　さけびましたか。（　）に　あてはまる　ことばを　書きましょう。(10×3)

「そうだ。みんな
（　　　　　　）およぐんだ。
（　　　　　　）で　いちばん
（　　　　　　）魚の
ふりを　して。」

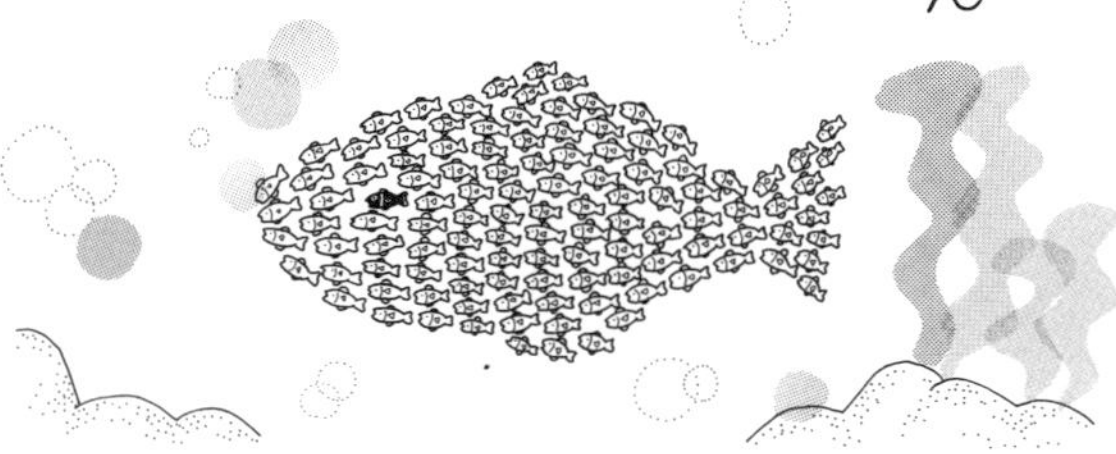

スイミー（全文《ぜんぶん》読解《どっかい》）(4)

名前

教科書《きょうかしょ》

「スイミー」を さいしょから さいごまで 読んで こたえましょう。

(1) つぎの 文が おはなしの じゅんばんに なるように （　）に １から６の すう字を 書きましょう。(10)

（　）海に ある おもしろい ものを 見る たびに、スイミーは、元気を とりもどした。

（　）大きな 魚を おい出した。

（　）みんなは、一ぴきの 大きな 魚みたいに およげるように なった。

（　）おなかを すかせた まぐろが、小さな 赤い 魚たちを、一ぴき のこらず のみこんだ。

（　）スイミーは、岩かげに、小さな 魚の きょうだいたちを 見つけた。

（　）広い 海の どこかに、小さな 魚の きょうだいたちが、たのしく くらしていた。

(2) 大きな 魚の ふりを して およぐために、スイミーが みんなに 教えた ことを 二つ 書きましょう。(20×2)

（　　　　）

（　　　　）

(3) みんなが 一ぴきの 大きな 魚みたいに およげるように なったとき、スイミーは なんと 言いましたか。(20)

（　　　　）

(4) みんなが 大きな 魚の ふりを して およいでいる ときの ようすを 書きましょう。(10×2)

あさの（　　　　）水の 中を、

ひるの（　　　　）光の 中を、

みんなは およいだ。

(5) みんなは いっしょに およいで さいごに どうしましたか。あてはまる もの 一つに ○を つけましょう。(10)

（　）大きな 魚から にげだした。

（　）大きな 魚を おい出した。

（　）大きな 魚に のみこまれた。

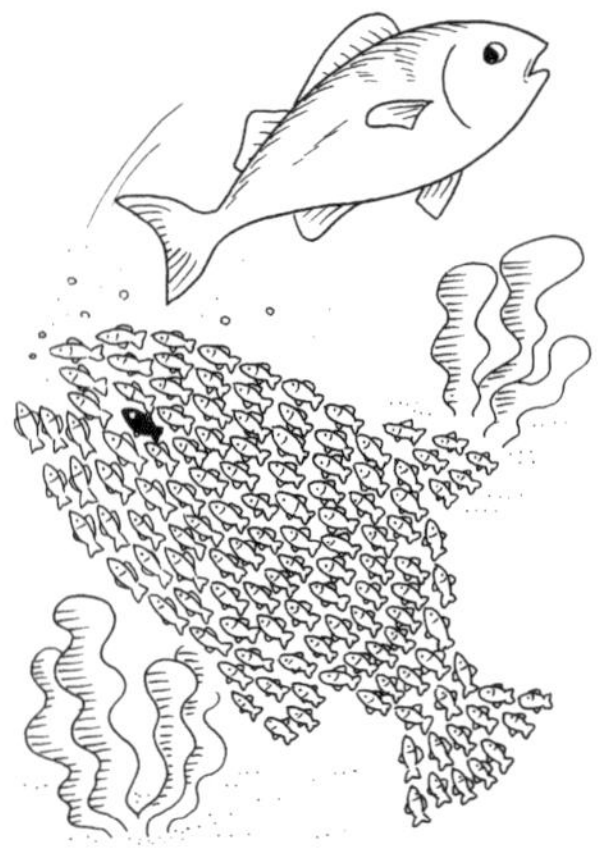

丸、点、かぎ

名前

(1) 丸、点、かぎの つかい方を、——線で つなぎましょう。（4×3）

① 丸（。）・　　・文の 中の 切れ目に つける。

② 点（、）・　　・人の 話した ことば（会話）に つける。

③ かぎ（「」）・　　・文の おわりに つける。

(2) つぎの 文しょうが 正しい 書きかたに なるように、□に 丸（。）を 四つ、点（、）三つ、かぎ（「」）を 二かしょに つけましょう。（4×11）

　ともだちとこうえん
に行きました□すべり
だいと□ぶらんこであ
そびました□かえりに
ともだちが□
□また行こうね□。
と言いました□だから
ぼくも□
□また行こう□。
と言いました□

(3) つぎの絵を見て 文のいみが 正しくわかるように 点（、）を 一つ つけて 文を 書きましょう。（11×4）

①「むこうにはたけがある。」

②「ここではきものをぬぐ。」

夏がいっぱい (1)

名前

● 上の 絵を 見て こたえましょう。

(1) 夏に かんけいの ある 花や やさいや くだものの 名まえを □ から さがして 六つ 書きましょう。（10×6）

もみじ・たんぽぽ・きゅうり・すいか
とうもろこし・なす・コスモス
あさがお・つばき・ひいらぎ
ひまわり・れんげそう

(2) 夏に かんけいの ある 生きものの 名まえを □ から さがして 四つ 書きましょう。（10×4）

てんとう虫・はくちょう
おたまじゃくし・かぶと虫・せみ
すず虫・こおろぎ・くわがた虫
まがも・ほたる・みつばち

夏がいっぱい (2)

名前

みんみん

たにかわ しゅんたろう

みんみん なくのは せみ
そうっと ちかづく あみ
はやしの むこうに うみ
きらきら かがやく なみ

よびごえ きこえる みみ
いちばん なかよし きみ
とこやに いったね かみ
まっかに みのった ぐみ

※ぐみ…のや 山に 生える
ひくい 木。
赤い みは 食べられる。

（令和六年度版 光村図書 こくご 二上 たんぽぽ たにかわ しゅんたろう）

● 上の しを 読んで こたえましょう。

(1) この しの 中に 出て くる「み」で おわる 二字の ことばを 八つ 書きましょう。（7×8）

せみ

(2) つぎの 文に あう ことばを （ ）に 書きましょう。（7×4）

① いちばん なかよし （きみ）
② そうっと ちかづく （ ）
③ きらきら かがやく （ ）
④ みんみん なくのは （ ）

(3) かみの いみを あらわす 文に ○を つけましょう。（7）

（ ）字を かいたり ものを つつむ ときに つかう もの。
（ ）人げんが もつ ことの できない 力を もち 人を みまもって いると しんじられて いる もの
（ ）かみの毛の こと

(4) この しには、なぜ「みんみん」と いう だい名が つけられたと 思いますか。あなたの かんがえを 書きましょう。（9）

（ ）

ミリーのすてきなぼうし (1)

名前

教科書《きょうかしょ》

〔ミリーは、さんぽのとちゅう、… 〜 …そう、クジャクのぼうし。〕までの　文しょうを　読んで　こたえましょう。

(1) ミリーは、さんぽのとちゅう、なにやさんの前を通りましたか。⑩

（　　　　）

(2) ミリーは、たくさんのぼうしのなかでも、どんな　ぼうしが気に入りましたか。⑩

（　　　　）

(3) 「じゃあ、これください。」と　ミリーが言うと、店長さんは、なんと　こたえましたか。⑩

（　　　　）

(4) 羽のついたぼうしの　ねだんは、いくらですか。⑩

（　　　　）

(5) ミリーは、おさいふを　とり出して、中を見たあと、なんと　言いましたか。⑩

あの、（　　　　）ありますか。

(6) ミリーは、おさいふをひらいて、見せました。とありますが、中は、どうなっていましたか。⑤

中は（　　　　）です。

(7) 店長さんは、とつぜん、大きな声で何と言いましたか。⑩

「（　　　　）しょうしょうおまちください。」

(8) 「これは、とくべつなぼうしです。」と、店長さんは言っていますが、どんなぼうしですか。(5×5)

大きさも（　　）も（　　）も、じゆうじざい。（　　）の（　　）しだいでどんなぼうしにもなる、（　　）ぼうし。

(9) ミリーは、「じゃあ、これにしますわ。」と言うと、おさいふのなかみを、どうしましたか。(5×2)

ぜんぶ（　　）とり、（　　）にわたしました。

ミリーの　すてきなぼうし　(2)

名前

　ケーキやさんの前を通ったら、おいしそうなケーキが　いっぱいならんでいました。ミリーは、そうぞうしました。すると、ぼうしは、㋐ケーキのぼうしになりました。

　花やさんを通りすぎたとき、ミリーのぼうしは、花でいっぱいのぼうしになりました。

　公園では、ふんすいのぼうしです。

　そのときです。ミリーは、㋑気がつきました。ぼうしをかぶっているのは、じぶんだけじゃないんだと。みんな、ぼうしをもっていたのです。そのどれもが、それぞれちがったぼうしでした。
　むこうから、おばあさんがやって来ました。おばあさんのぼうしは、くらくてさびしい水たまりでした。ミリーがおばあさんにほほえみかけると、ミリーのぼうしの中から　鳥や魚がとび出して、おばあさんのぼうしにとびうつりました。
　ミリーはうれしくなって、歌を歌いました。すると、ぼうしもいっしょに歌いました。

（令和六年度版　光村図書　こくご　二上　たんぽぽ　きたむら　さとし）

● 上の　文しょうを　読んで　こたえましょう。

(1) ㋐ケーキのぼうしになったのは、ミリーが何をしたからですか。 ⑳

（　　　　）

(2) つぎの　とき、ミリーの　ぼうしは　どんな　ぼうしに　なりましたか。

① 花やさんを通りすぎたとき ⑩

（　　　　）

② 公園にきたとき ⑩

（　　　　）

(3) ミリーは、どんなことに　㋑気がつきましたか。（　）に　ことばを書きましょう。 (10×2)

（　　　　）をかぶっているのは、（　　　　）んだと。

(4) ミリーがおばあさんにほほえみかけると、どうなりましたか。 (10×3)

（　　　　）の中から（　　　　）がとび出して、（　　　　）にとびうつりました。

(5) ミリーはうれしくなって、なにをしましたか。 ⑩

（　　　　）

ミリーの すてきなぼうし (3)

名前

　そうしてミリーは、家に
もどりました。でも、㋐ぼうしが
大きくなりすぎて、中に
入れません。ミリーは、ちがった
ぼうしをそうぞうしてみました。
　ミリーは、家に入ると
言いました。
ⓐ「ママ、わたしの新しいぼうし、
見て。きれいでしょ。」
ⓘ「新しいぼうし。」
ママは、ちょっと㋑びっくりして
います。だって、ぼうしなんか
どこにも——。でも、ママは、
こう　こたえることにしました。
ⓤ「まあ、すてきね。ママも、そん
なぼうし、ほしいな。」
ⓔ「ママだってもってるのよ、
ほんとうは。そうぞうすれば
いいの。」
と、ミリー。
　そうです。㋒だれだって
もっているのです。
じぶんだけの
すてきなぼうしを。

（令和六年度版　光村図書　こくご　二上　たんぽぽ　きたむら　さとし）

● 上の　文しょうを　読んで　こたえましょう。

(1) ㋐ぼうしが大きくなりすぎて、中に入れません。とありますが、ミリーは、どうやって中に入りましたか。文中から書き出しましょう。 (20)

（　　　　）

(2) ⓐⓘⓤⓔは、ミリーとママのどちらが言ったことばですか。（　）に書きましょう。 (10×4)

ⓐ（　　）　ⓘ（　　）
ⓤ（　　）　ⓔ（　　）

(3) ママは、なぜ　㋑ちょっとびっくりしているのですか。あてはまるもの一つに○をつけましょう。 (10)

（　）ミリーが　新しいぼうしをかぶっていたから。

（　）ぼうしなんかどこにもないのに、ミリーが「新しいぼうし、見て。」と言ったから。

（　）ミリーのぼうしが大きくなりすぎて、中に入れなかったから。

(4) ㋒だれだってもっているのです。とありますが、なにをもっているのですか。 (20)

（　　　　）

(5) ⓤのことばを言ったママを、あなたはどんなママだと思いますか。 (10)

（　　　　）

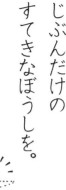

雨のうた

名前

雨のうた

つるみ まさお

あめは ひとりじゃ うたえない、
きっと だれかと いっしょだよ。
やねと いっしょに やねのうた
つちと いっしょに つちのうた
かわと いっしょに かわのうた
はなと いっしょに はなのうた。

あめは だれとも なかよしで、
どんな うたでも しってるよ。
やねで とんとん やねのうた
つちで ぴちぴち つちのうた
かわで つんつん かわのうた
はなで しとしと はなのうた。

（令和六年度版 光村図書 こくご 二上 たんぽぽ つるみ まさお）

● 上の しを 読んで こたえましょう。

(1) ひとりじゃ うたえないのは だれですか。（10）

（　　　　）

(2) だれと どんな うたを うたいますか。（10×4）

① ね□ といっしょに □□□□□

② わ□ といっしょに □□□□□

(3) あめは つぎの ばしょで どんな うたを うたいますか。（10×4）

① つちで □□□□ □□□□□

② はなで □□□□ □□□□□

(4) あなたは、どこで どんな うたを うたいたいですか。かいて みましょう。（10）

（　　　　）で（　　　　）

（　　　　）のうた

書いたら、見直そう

名前

(1) 「は」「を」「へ」に 気をつけて、①の 文の、まちがえている ことばの よこに ——を ひきましょう。②に、文を 正しく 書き直しましょう。

①

おじいちゃんえ
ぼくわ、この前、お父さんに教えて
もらって、木のいすおつくりました。

②

(2) 丸（。）点（、）かぎ（「」）に 気をつけて、つぎの 文を、書き直しましょう。

お父さんがじょうずにできたね
と言ってくれました

(3) つぎの 文しょうを 直して みましょう。

・まちがえている ことばを直す。
・丸（。）、点（、）、かぎ（「」）に、気をつける。

おじいちゃんえ
お元気ですか。ぼくわ、この前、
お父さんに教えてもらって、木の
いすおつくりました。
お父さんがじょうずにできたね
と言ってくれました
つぎはつくえおつくりたいです
おじいちゃんはさいきんどんな
ことをしていますか また教えて
ください。

どうぶつ園のじゅうい (1)

名前

教科書《きょうかしょ》

〔わたしは、どうぶつ園ではたらいている…
〜
…声もおぼえてもらうようにしています。〕
までの文しょうを読んで こたえましょう。

(1) 教科書に書いてある、「わたし」のしごとについて、(　)に あてはまることばを 書きましょう。(10×6)

① わたしの しごとは どうぶつたちが (　　　　) することです。

② どうぶつが (　　　　) や (　　　　) を したときには、(　　　　) を します。

③ 朝、どんな しごとから はじまりますか。
(　　　　) の中を (　　　　) ことから はじまります。

(2) どうぶつ園の中を見回る 大切なりゆうは なんですか。二つえらんで ○をつけましょう。(5×2)

(　) 元気なときの どうぶつのようすを 見ておくため。

(　) えさのじかんを まちがえていないか たしかめるため。

(　) ふだんから 顔を見せて、なれてもらうため。

(3) 元気なときの どうぶつのようすを見ておくのは なぜですか。(10)

(　　　　)

(4) なぜ、どうぶつたちに 顔をおぼえてもらうことが 大切なのですか。一つに ○を つけましょう。(10)

(　) どうぶつたちが、じゅういと しいくいんを まちがえないように するため。

(　) あそんでもらえるように するため。

(　) どうぶつたちは、よく知らない人には、いたいところや つらいところをかくすため。

(5) わたしは 毎日、なんと言いながら 家の中へ入りますか。(10)

(　　　　)

どうぶつ園のじゅうい (2)

名前

見回りがおわるころ、しいくいんさんによばれました。いのししのおなかに　赤ちゃんがいるかどうか、みてほしいというのです。おなかの中のようすをさぐるためには、きかいを　おなかに当てなければなりません。いのししがこわがらないように、しいくいんさんがえさを食べさせ、その間に、そっと当ててみました。

㋐まちがいありません。おなかの中に、赤ちゃんがいました。

お昼前に、どうぶつ園の中にある　びょういんにもどりました。すると、けがをしたにほんざるが　くすりをのまないと、しいくいんさんがこまっていました。にほんざるは、にがいあじが大きらいです。えさの中に　くすりを入れて　のませようとしても、すぐに気づかれました。くすりをこなにして、半分に切ったバナナにはさんでわたしました。すると、くすりのところだけをよけて、食べてしまいました。こなをはちみつにまぜたら、やっと、いっしょにのみこんでくれました。

（令和六年度版　光村図書　こくご　二上　たんぽぽ　うえだ　みや）

● 上の　文しょうを　読んで　こたえましょう。

(1) つぎの文しょうは、じゅういさんについて、書いてあります。おはなしのじゅんばんになるように、（　）に1から4のすう字を書きましょう。 (20)

（　）どうぶつ園の中にあるびょういんにもどった。

（　）見回りがおわるころ、しいくいんさんによばれた。

（　）にほんざるにくすりをのませようとした。

（　）きかいをいのししのおなかにそっと当ててみた。

(2) なにについて、㋐まちがいありませんと、いっていますか。 (20)

（　　　　）

(3) にほんざるに、じゅういさんがくすりをのませました。うまくいかなかったやりかたを二つ、うまくいったやりかたを一つ書きましょう。 (20×3)

● うまくいかなかった（　　　　）

● うまくいかなかった（　　　　）

○ うまくいった（　　　　）

どうぶつ園のじゅうい (3)

名前

このワラビーは、はがぬけかわるときに　ばいきんが入って、(ア)はぐきがはれてしまいました。はぐきのちりょうは　とてもいたいので、(イ)あばれることがあります。三人のしいくいんさんにおさえてもらって、ちりょうをしました。

　夕方、しいくいんさんから(ウ)電話がかかってきました。ペンギンが、ボールペンを　のみこんでしまったというのです。ペンギンは、水中で魚をつかまえて、丸ごとのむので、(エ)えさとまちがえたのでしょう。いのちにかかわる　たいへんなことです。(オ)大いそぎでびょういんにはこびました。そして、そっとボールペンをとり出しました。早めに手当てができたので、ペンギンは、あすには元気になるでしょう。(カ)ひとあんしんです。

（令和六年度版　光村図書　こくご　二上　たんぽぽ　うえだ　みや）

● 上の　文しょうを　読んで　こたえましょう。

(1) ワラビーについて　こたえましょう。

① (ア)はぐきがはれたのは、なぜですか。 ⑭

（　　　　　）

② なぜ、(イ)あばれることがあるのですか。 ⑭

（　　　　　）

③ どうやって、ちりょうしましたか。 ⑮

（　　　　　）

(2) ペンギンについて　こたえましょう。

① 夕方、しいくいんさんから(ウ)電話がかかってきたのは　なぜですか。 ⑭

（　　　　　）

② (エ)えさとまちがえたものは、なんですか。 ⑭

（　　　　　）

③ (オ)大いそぎでびょういんにはこんだのは、なぜですか。 ⑮

（　　　　　）

④ なぜ、(カ)ひとあんしんなのですか。 ⑭

（　　　　　）

なかまのことばとかん字

名前

(1) なかまのことばを□からえらんで、（　）に書きましょう。（3×10）

① （　）…（　）…妹

② （　）…夏…（　）

③ 白…（　）…茶

④ （　）…中…（　）

⑤ 一円…（　）…一万円

⑥ （　）…昼…（　）

黄　春　十円　朝　母
姉　大　冬　小　夜

(2) ［　］の中から、なかまでないことばを一つえらんで、○でかこみましょう。（3×5）

① ［晴れ　くもり　青　雨］

② ［午前　生活　午後　正午］

③ ［算数　図工　体育　十円］

④ ［妹　森　林　木］

⑤ ［父　兄　弟　黒］

(3) つぎのなかまのことばを□からえらんで、（　）にかん字になおして書きましょう。えらんで、（　）に書きましょう。（4×10）

① 家の人…（　）（　）

② お金…（　）（　）

③ 色…（　）（　）

④ 天気…（　）（　）

⑤ 教科…（　）（　）

ちち　せんえん　ゆき
はは　あお　こくご　あめ
あか　ひゃくえん　おんがく

(4) なかまのことばを線でむすびましょう。（3×5）

① 食べもの・　　・火曜　土曜

② きせつ・　　・肉　パン

③ よう日・　　・秋　冬

④ からだ・　　・ねこ　犬

⑤ 生きもの・　　・手　足　頭

かたかなの　ひろば

名前

● 絵の中の　ことばを　つかって　文を　つくりましょう。

①

例　ねずみが　ボールを　なげた。

（10×3）

②

例　マットの　上に　ぶたが　いる。

（10×4）

③

例　プールで　くまが　およいでいる。

（10×3）

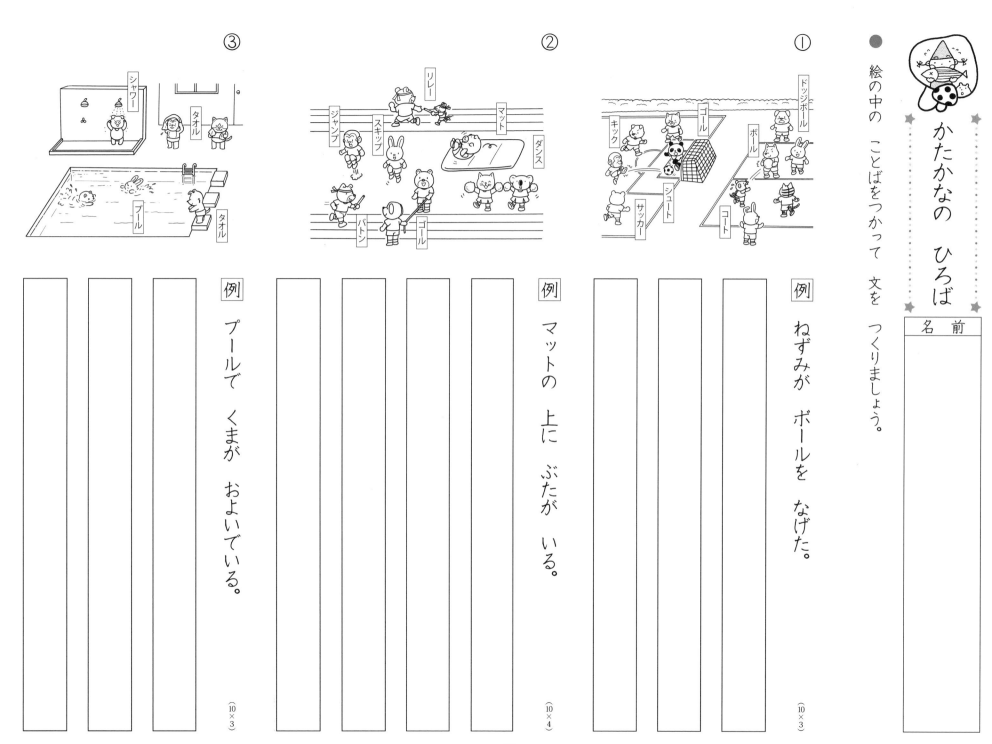

お手紙 (1)

名前

教科書《きょうかしょ》

〔がまくんは、げんかんの前に…〜…こしを下ろしていました。〕までの　文しょうを　読んで　こたえましょう。

(1) だれのところへ、だれが来たときのお話ですか。（　）に書きましょう。(8×2)

げんかんの前に　すわっている（　）のところへ（　）がやって来たときのこと。

(2) がまくんの一日のうちのかなしい時は、どんな時間ですか。(10)

（　）

(3) がまくんが、とても　ふしあわせな気もちに　なるのは、なぜですか。(10)

（　）

(4) 「いちどもかい。」について、こたえましょう。

① だれが言ったことばですか。(10)

（　）

② どんな気もちで言ったでしょうか。あてはまる方に○をつけましょう。(8)

（　）いちども手紙をもらったことがないのは、うそだと思っている。

（　）いちども手紙をもらったことがないことに、おどろいている。

(5) 「お手紙を　まっているときがかなしいのは、そのためなのさ。」について、こたえましょう。

① だれが言った　ことばですか。(10)

（　）

② お手紙を　まっているときがかなしいのは、なぜですか。あてはまるものすべてに○をつけましょう。(10)

（　）あそびに行きたいのに、お手紙がくるのを、じっとまっていないといけないから。

（　）がまくんは、だれからも　お手紙をもらったことが　ないから。

（　）がまくんは、お手紙を　いちどしかもらったことが　ないから。

（　）がまくんの　ゆうびんうけが、いつも　空っぽだから。

(6) ふたりとも、かなしい気分で、げんかんの前に、こしを　おろしていましたについて、こたえましょう。(8×2)

① ふたりとは、だれと、だれですか。

（　）と（　）

② ふたりとも、かなしい気分で、と、ありますが、なぜ、かえるくんもかなしいのですか。(10)

（　）

お手紙 (2)

名前

教科書《きょうかしょ》

〔すると、かえるくんが言いました。…
…かえるくんは、がまくんの家へもどりました。〕
までの 文しょうを 読んで こたえましょう。

(1) かえるくんは、なんと言って家へ帰りましたか。 ⑩

□□□□□
□□□□□□ があるんだ。

(2) かえるくんは、どんなようすで家へ帰りましたか。 ⑩

( )のんびりと
( )大いそぎで
( )のそのそと

(3) かえるくんは、家で 何を 見つけましたか。二つ書きましょう。 ⑩

( )
( )

(4) かえるくんは、何か書いたあと、紙をどこに入れましたか。 ⑩

( )

(5) かえるくんは、ふうとうに何と書きましたか。 ⑩

( )

(6) かえるくんは、どんな気もちで家からとび出したと思いますか。 ⑩

( )

(7) かえるくんは、家からとび出したあと、だれに会いましたか。 ⑩

( )

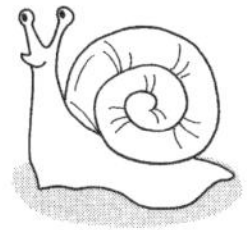

(8) かえるくんは、かたつむりくんにどんなことを たのみましたか。 ⑩

( )

(9) 「まかせてくれよ」「すぐやるぜ」と言った かたつむりくんの 気もちにちかいと 思うほうに、○を つけましょう。 ⑩

( )できるかどうか、わからなくてしんぱいだけど、やってみよう。
( )ぜったいできる。がんばろう。

(10) かえるくんは、どこにもどりましたか。 ⑩

( )

お手紙 (3)

名　前

教科書《きょうかしょ》

〔がまくんは、ベッドで　お昼ねを…
…お手紙をくれる人なんて、いるとは思えないよ。」〕
までの　文しょうを　読んで　こたえましょう。

(1) かえるくんが、がまくんの　家へ　もどったとき、がまくんは　何を　していましたか。 (10)

（　　　　　　　　）

(2) かえるくんは、がまくんに　何と　言いましたか。（　）に　あてはまることばを　書きましょう。 (10×3)

「きみ、（　　　）さ、（　　　）が（　　　）のを、もうちょっと　まってみたらいいと　思うな。」

(3) 「いやだよ。」は　だれが、だれに　言ったことばですか。 (10×2)

だれが（　　　）　だれに（　　　）

(4) 「いやだよ。」と言っているときの　がまくんの気もちを　あらわすことばを　考えて、□にあうことばを書きましょう。 (10)

□□□□したよ。

(5) かえるくんは、まどから　ゆうびんうけを見ましたと　ありますが、なぜ、ゆうびんうけを見たのですか。 (10)

（　　　　　　　　）

(6) 「そんなこと、あるものかい。」に　ついて、こたえましょう。

① だれが、言った　ことばですか。 (10)

（　　　　　）

② そんなこと、とは　どんな　ことですか。 (10)

（　　　　　　　　）

お手紙 (4)

名前

教科書《きょうかしょ》

〔「ぼくに　お手紙をくれる人なんて、いるとは思えないよ。」……
……「きっと来るよ。」〕かえるくんが言いました。
までの　文しょうを　読んで　こたえましょう。

(1) かえるくんは、まどから　のぞいて　何を　見て　いるのですか。（8×2）

（　　　）が、お手紙を
（　　　）に入れに　来たかどうか。

(2) 「ばからしいこと、言うなよ。」は　だれが、だれに言ったことばですか。（8×2）

だれが（　　　）　だれに（　　　）

(3) がまくんは、なぜ「ばからしいこと、言うなよ。」と、言ったのですか。（　）にあてはまることばを　書きましょう。（8×4）

（　　　）だれも（　　　）を
（　　　）ので、
（　　　）だと
思っているから。

(4) 「だって、今、ぼく、お手紙をまっているんだもの。」とありますが、かえるくんは、だれが、だれに　出した　お手紙を　まっているのですか。（8×2）

だれが（　　　）　だれに（　　　）

(5) 「でも、来《き》やしないよ。」と言った　がまくんの　気もちを考えて　書きましょう。（10）

（　　　）

(6) 「きっと来るよ。」と言ったかえるくんの　気もちを　考えて書きましょう。（10）

（　　　）

お手紙 (5)

名前

教科書《きょうかしょ》

〔「だって、ぼくが、きみに　お手紙出したんだもの。」…がまくんは、とてもよろこびました。〕までの　文しょうを　読んで　こたえましょう。

(1) 「だって、ぼくが、きみに　お手紙出したんだもの。」とありますが、ぼくは　だれで、きみは　だれの　ことですか。 (7×2)

ぼく（　　　　）

きみ（　　　　）

(2) 「きみが。」と言った　がまくんの　気もちを　考えて　書きましょう。 (10)

（　　　　）

(3) かえるくんが出した　お手紙には、なんと書いてありますか。 (7×4)

『親愛《あい》なる（　　　　）くん。

ぼくは、きみが　ぼくの（　　　　）である　ことを、

（　　　　）思っています。

きみの親友、（　　　　）。』

(4) つぎの　——の　ことばの　いみに　あてはまるほうに　○を　つけましょう。

① 親愛なる　おじいさま。 (7)

（　）やさしくて、大すきな。

（　）よくおこられるので、こわい。

② ともこさんは、わたしの親友だ。 (7)

（　）学校で、ときどきはなす友だち。

（　）とてもなかがいい友だち。

(5) 「ああ。」と　言ったときの　がまくんの　気もちを　考えて　書きましょう。 (10)

（　　　　）

(6) かたつむりくんは、だれからのお手紙を　だれにわたしましたか。 (7×2)

だれから（　　　　）

だれに（　　　　）

(7) お手紙をもらった　がまくんは、どんなようすでしたか。 (10)

（　　　　）

主語《しゅ》と述語《じゅつ》に気をつけよう (1)

名前

(1) ㋐と㋑に あてはまることばを、「主語」か「述語」から えらんで書きましょう。 (5×2)

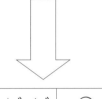

㋐（　　）	だれが（は） 何が（は）

㋑（　　）	どうする どんなだ 何が

(2) つぎの文の 主語に ——線を、述語に 〰線を ひきましょう。 (6×10)

[れい] かえるが はねる。

① 赤ちゃんが なく。

② 犬が 走る。

③ 月が のぼる。

④ 雨が ふる。

⑤ 星が 光る。

⑥ ペンギンは 鳥だ。

⑦ 空が 青い。

⑧ 雪は つめたい。

⑨ 兄は 中学生だ。

⑩ あしたは 日曜日だ。

(3) つぎの文の 主語に ——線を、述語に 〰線を ひきましょう。 (6×5)

① 夜空に 星が 一つ 光った。

② となりの 子どもが 歌を 歌う。

③ きょうの きゅう食は カレーだ。

④ 遠足の 帰りに 見た 夕やけは きれいだった。

⑤ スーパーで 母は パンを 買った。

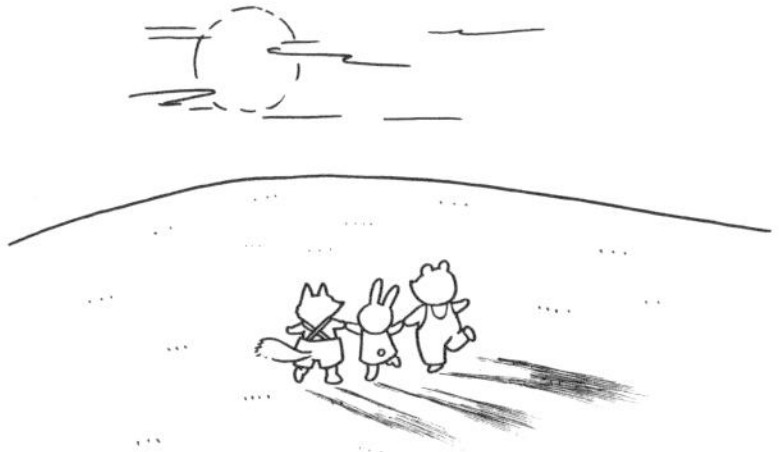

主語《しゅ》と述語《じゅつ》に気をつけよう (2)

名前

(1) つぎの文に あてはまる 文のかたちを 下からえらんで ——線で むすびましょう。 (10×4)

① 風が ふく。 ・　　・だれが —— どうする

② 弟は 楽しそうだ。 ・　　・何が —— どうする

③ あしたは 日曜日だ。 ・　　・だれは —— どんなだ

④ 姉が 歌う。 ・　　・何は —— 何だ

(2) つぎの文の～～線は、述語です。主語を 見つけて（　）に書きましょう。 (10×3)

※主語と、述語は同じ文にあるとはかぎりません。

① 先生は、かぶと虫の つかまえかたを ~~おしえてくれました~~。そして かぶと虫を 一ぴき ~~つかまえました~~。

（　　　　　）

② えんそくで、わたしは、水ぞくかんへ 行きました。そこで イルカを ㋐見ました。イルカは たのしそうに ㋑およいでいました。

㋐（　　　　　）　㋑（　　　　　）

(3) つぎの 主語に つづけて（　）に 文を つくりましょう。 (10×3)

① わたしは （　　　　　　　　　　）

② とんぼが （　　　　　　　　　　）

③ 月は （　　　　　　　　　　）

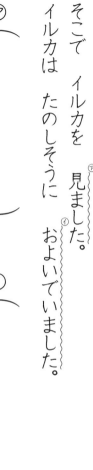

かん字の読み方

名前

(1) 「上」と「下」は、たくさんの読み方があるかん字です。——線のよこに、読み方を書きましょう。（4×6）

上

① 教科書の上かんを読む。

② たなに、にもつを上げる。

③ 上ばきを　あらう。

④ 山の上から　町をながめた。

⑤ はしごをつかって、やねに上る。

⑥ 川上の水は、きれいだ。

（4×7）

下

① ろう下を走ってはいけません。

② 木の下で、本を読む。

③ さか道を下ると、家が見える。

④ 川下は、ながれがゆるやかだ。

⑤ 頭を下げる。

⑥ 下校の時間です。

⑦ あした、この山を下ります。

(2) つぎの文の、——線のかん字のよこに、読み方を書きましょう。（3×8）

① わたしは　九月　九日の　たん生日に　九さいになる。

② 今月の　十日は、日曜日だ。

③ 花だんに　生えた　草を　ぬくのは、二年生の　かかりの　しごとだ。

(3) つぎの——線のことばが、正しい方に○をつけ、読み方も　書きましょう。（4×6）

①
（　）かばんに　教科書を　入る。
（　）かばんに　教科書を　入れる。

②
（　）いもうとが　生まれる。
（　）いもうとが　生れる。

③
（　）先生の　話しを　きく。
（　）先生の　話を　きく。

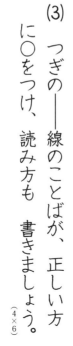

きせつのことば 3

秋がいっぱい (1)

名前

● 上の 絵を 見て こたえましょう。

(1) 秋に かんけいの ある 花や 木や 食べものの 名まえを □から さがして 六つ 書きましょう。（10×6）

（　　　　）
（　　　　）
（　　　　）
（　　　　）
（　　　　）
（　　　　）

さくら・ゆず・かき・もみじ・すみれ
すすき・くり・コスモス・さざんか
あさがお・ピーマン・さつまいも

(2) 秋に かんけいの ある 生きものの 名まえを □から さがして 四つ 書きましょう。（10×4）

（　　　　）
（　　　　）
（　　　　）
（　　　　）

てんとう虫・赤とんぼ・かぶと虫
もんしろちょう・すず虫・こおろぎ
くわがた虫・ひよどり・みの虫
みつばち

秋がいっぱい (2)

名前

やま

かんざわ としこ

ゆうべの あめが
すっきり はれて
やまは ごきげん
あかい きいろい
もみじきて
くもを だっこして
すわってる

（令和六年度版 光村図書 こくご 二下 赤とんぼ かんざわ としこ）

● 上の 文しょうを 読んで こたえましょう。

(1) ゆうべは、どんな てんきでしたか。（14）

（　　　　）

(2) いまは、どんな てんきですか。（14）

（　　　　）

(3) もみじの いろは なにいろですか。ふたつ かきましょう。（9×2）

（　　　　）（　　　　）

(4) もみじの いろから わかる いまの きせつを かきましょう。（14）

（　　　　）

(5) やまを にんげんのように あらわしている ことばを しの 中から さがして 四つ かきましょう。（10×4）

・□□□□
・も□□□□
・□□□して
・□□□□□

そうだんに のってください

かわのさんは、学きゅう会で、読書の時間に 読む本のきめかたを、友だちにそうだんすることにしました。つぎの 話し合いの文しょうを読んで、こたえましょう。

名前

かわの　読書の時間に読む本が、なかなかきめられません。みなさんは、どうやってきめていますか。

もりた　ぼくは、いちど読んでおもしろかった本の作しゃと、同じ作しゃの本をさがして読んでいます。
　おなじ作しゃなら、ちがう本でもきっとおもしろいと思うからです。

すずき　おもしろかった本と、同じ作しゃの本をさがすのですね。
　おすすめの本を、図書しつの先生に聞くのは、どうですか。

さとう　いいですね。ぼくも、同じことを考えていました。先生は、おもしろい本をたくさん教えてくれますね。

かわの　では、いちど読んでおもしろかった本の作しゃと、同じ作しゃの本の中から、図書しつの先生におすすめの本を聞いて、読む本をきめようと思います。

(1) みんなに そうだんをしている人はだれですか。また、何を そうだんしていますか。(15×2)

だれ（　　　）さん

何を（　　　）

(2) もりたさんは、どうやって本をさがしていますか。(20)

（　　　）

(3) 友だちの考えを、くりかえしてたしかめている人はだれですか。(15)

（　　　）さん

(4) 友だちのかんがえを、いい考えだとほめている人は だれですか。(15)

（　　　）さん

(5) かわのさんは、友だちに そうだんして、どのように 読む本を きめることに しましたか。(20)

（　　　）

紙コップ花火の作り方

名前

つぎに、花火のぶぶんを作ります。半分に切った紙を、一センチメートルのはばで、手前からおります。このとき、谷おり、山おりのじゅんに、くりかえしておりましょう。はばが細すぎると、花火がうまくひらかないので、気をつけましょう。さいごまでおると、細い長方形になります。それを、長さが半分になるようにおります。かさなるところを、のりでつけて、しゃしん④のような形にしましょう。

③

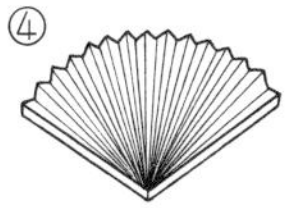

④

もう一枚の紙も、同じ形にします。

二つできたら、わりばしの太いほうの先に、のりでつけます。わりばしをはさむようにして、つけましょう。

［㋐］、花火のぶぶんを、紙コップに入れます。紙コップをさかさまにおき、まん中にえんぴつをさして、あなを空けます。そのあなに、わりばしの細いほうを、紙コップの内がわからさしこみます。

㋑さいごに、花火のぶぶんと紙コップをくっつけます。セロハンテープで、花火のぶぶんのはしを紙コップの外がわにとめます。はしの一枚だけをとめるようにしましょう。

［㋒］、紙コップ花火のできあがりです。

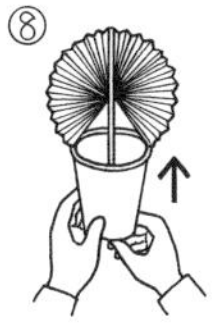

⑧

（令和六年度版　光村図書　こくご　二下　赤とんぼ　まるばやし　さわこ）

● 上の文しょうを読んで　こたえましょう。

(1) ㋐㋒にあてはまることばを［　］からえらんで書きましょう。（10×2）

［それから　これで　さいごに］

㋐（　　　　）　㋒（　　　　）

(2) 一センチメートルのはばで、手前からおるときに　することや、気をつけることがあります。二つ○をつけましょう。（10×2）

（　）谷おり、山おりのじゅんに、くりかえしておる。

（　）長さが半分になるようにおる。

（　）はばが細すぎると、花火がうまくひらかないので、気をつける。

(3) ㋑さいごにすることは、何ですか。（10×2）

（　　　　）と（　　　　）をくっつけます。

(4) つぎの絵は、紙コップ花火の作り方をかいたものです。

① □に1～4のじゅんばんを書きましょう。（8）

② 絵にあてはまるせつめい文を――せんでつなぎましょう。（8×4）

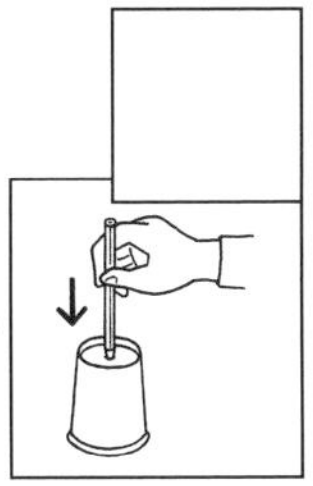

紙コップをさかさまにおき、まん中にえんぴつをさしてあなを空ける。

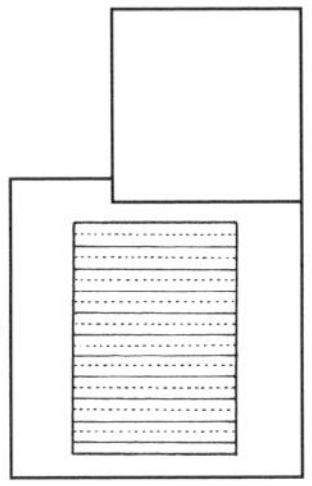

花火のぶぶんを二つ、わりばしの太い方の先に、わりばしをはさむようにしてのりでつける。

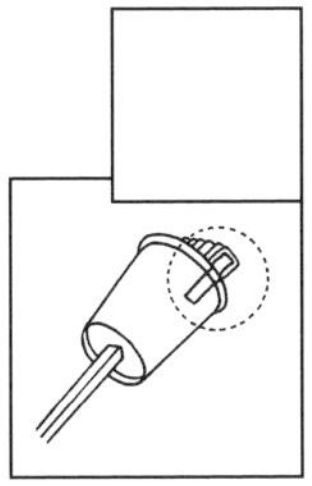

半分に切った紙を、一センチメートルのはばで手前からおる。

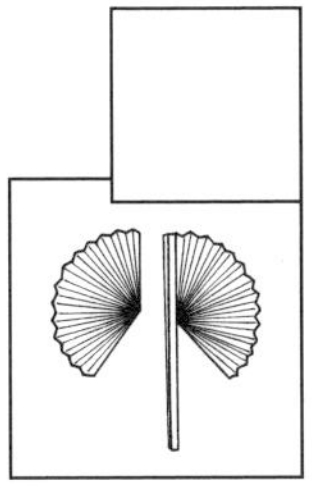

花火のぶぶんと紙コップをくっつける。

おもちゃの作り方をせつめいしよう

名前

けん玉の作り方

しもだ かほ

まつぼっくりをつかった、けん玉の作り方をせつめいします。

〈[あ]とどうぐ〉

・まつぼっくり 一つ
・毛糸（つくえのよこの長さ）
・紙コップ 二つ
・ガムテープ
・カラーペン

〈[い]〉

㋐[　　]、毛糸のはしを、まつぼっくりにまきつけます。そして、とれないように、きつくむすびます。

㋑[　　]、毛糸のはんたいがわのはしを、ガムテープで、紙コップのそこにつけます。

それから、その毛糸をはさむようにして、もう一つの紙コップをのせます。コップのそことそこをぴったり合わせて、㋒ガムテープでしっかりとめます。

紙コップに、カラーペンできれいなもようをつけて、できあがりです。

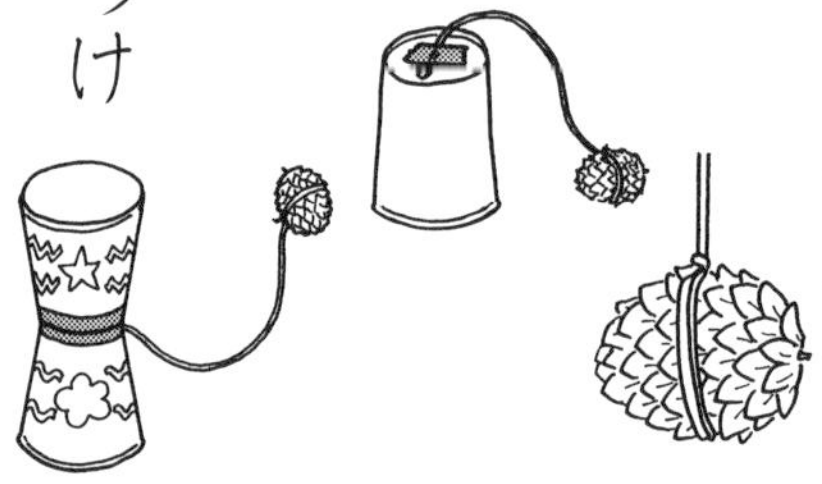

〈[う]〉

二つの紙コップに、じゅんばんにまつぼっくりを入れてあそびます。何回つづけてできるか、数えると楽しいですよ。

（令和六年度版 光村図書 こくご 二下 赤とんぼ「おもちゃの作り方をせつめいしよう」による）

● 上の文しょうを読んで こたえましょう。

(1) [あ][い][う]にあてはまることばを [　] からえらんで、（　）に書きましょう。(10×3)

[作り方　ざいりょう　あそび方]

あ（　　　）
い（　　　）
う（　　　）

(2) ㋐㋑にあてはまることばを【まず・つぎに・そのうえ】からえらんで、文中の[　]に書き入れましょう。(10×2)

(3) つぎの文は、けん玉の作り方をせつめいしたものです。作り方のじゅんばんになるように、（　）に1～4のすう字を書きましょう。(10)

（　）毛糸をはさむようにして、コップのそことそこをぴったりあわせてガムテープでとめる。
（　）毛糸のはしを、まつぼっくりにまきつける。
（　）紙コップにカラーペンできれいなもようをつける。
（　）毛糸のはんたいがわのはしを、紙コップのそこにつける。

(4) 毛糸の二つのはしは、どこと、どこについていますか。(10×2)

（　　　）と（　　　）のそこ

(5) ㋒ガムテープでしっかりとめますとありますが、何と何をとめたのですか。(10)

（　　　）

(6) けん玉のあそび方について書いてある一文を、文中から書き出しましょう。(10)

（　　　）

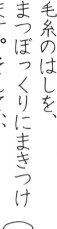

にたいみのことば、はんたいのいみのことば

名前

(1) ――線のことばと　にた　いみの　ことばを　□　からさがして　（　）に　書きましょう。（8×4）

① 兄は、家で　学校のことを　よく　言います。（　　）

② 家の前のどうろに、トラックが　とまっています。（　　）

③ 山の上から、夕日がしずむようすを　ながめた。（　　）

④ まっ白で　うつくしい　雪げしき。（　　）

道　見た　話し　きれいな

(2) ――線のことばと　にた　いみの　ことばを　□　からさがして　（　）に　書きましょう。（13×2）

① りっぱな　ひげを　はやした　王さまが　すわっている。（　　）

② ゆうえんちで、楽しい時をすごした。（　　）

やさしい　時間　みごとな　できごと

(3) ――線のことばと　はんたいの　いみのことばを　（　）に書きましょう。（6×4）

① 大きな　ぞう。　（　　）ねずみ。

② ぼくのかみの毛は　みじかい。　姉のかみの毛は　（　　）。

③ 朝の（　　）時間。　夜の　おそい時間。

④ 右手で　おはしを　もつ。　（　　）手で　おちゃわんを　もつ。

(4) 文に合う「ぬぐ」の　はんたいの　ことばを考えて、（　）に書きましょう。（6×3）

① くつを　ぬぐ。　くつを　（　　）。

② うわぎを　ぬぐ。　うわぎを　（　　）。

③ ぼうしを　ぬぐ。　ぼうしを　（　　）。

みきのたからもの （1）

名前

［あらすじ］

このお話の、とう場人ぶつは、みきとポロロン星からきたナニヌネノンです。

ナニヌネノンは、みきに、ポロロン星の小さな石をわたしました。その石には、ナニヌネノンの ねがいがこめられていました。

「みきに、きっとまた会えますように。」

みきは、目をかがやかせて、石をうけとりました。きれいな青い石です。ビー玉ぐらいの大きさでした。

手の上の石を　少しかたむけると、かすかに光りました。

「石を、耳に　近づけてみてください。ポロロン星の風の音が　聞こえるはずです。」

と、ナニヌネノンは言いました。

㋐耳に近づけると　本当です。ザアッ、ザアッ、ザアッ。風がふきぬけるような音が聞こえました。

ⓐ「ああ、聞こえる。」

よく聞きとろうとして、目をつぶりました。海の音にもにていると思いました。

「みきちゃん、おとなになったら、ポロロン星に来てください。きっと、あそびに来てください。」

と、ナニヌネノンは明るく言いました。

ⓘ「どうしたら、ポロロン星に行けるの。」

と、みきはしつもんしました。

ⓤ「ええと、そうですね。うちゅうに行けば、その石が　教えてくれます。うちゅうに行けば、ポロロン星まで、あんないしてくれるはずです。」

ⓔ「どうやって、うちゅうに行けばいいのかな。ええと、あ、分かった。うちゅうひこうしになればいいよね。」

ⓞ「いつか、きっと、また会いましょう。そろそろ、わたしは、しゅっぱつします。」

と、ナニヌネノンは、少しいそぐように言いました。

㋑「さようなら。」

と、みきは言いました。きゅうに、さびしい気もちになりました。

「さようなら。またいつか。」

と、ナニヌネノンも言いました。

（令和六年度版　光村図書　こくご　二下　赤とんぼ　はちかい　みみ）

● 上の 文しょうを 読んで こたえましょう。

(1) みきがうけとった石の、色、大きさ、光り方を答えましょう。（5×3）

① 色（　　）

② 大きさ（　　）

③ 光りかた　少しかたむけると（　　）

(2) 上のⓐ～ⓞはだれが言ったことばですか。みきか、ナニヌネノンかを書きましょう。（5×5）

ⓐ（　　）　ⓘ（　　）　ⓤ（　　）

ⓔ（　　）　ⓞ（　　）

(3) ㋐石を耳に近づけるについて、こたえましょう。

① ナニヌネノンは、石を耳に近づけると、どんな音が聞こえるはずだと言っていますか。（10）

（　　）

② 耳に近づけると、どんな音が聞こえましたか。（10）

（　　）ような音

③ みきは、何の音にも　にていると思いましたか。（10）

（　　）

(4) うちゅうに行けば、何がポロロン星まであんないしてくれますか。（10）

（　　）

(5) みきは、うちゅうに行くには、何になればいいと言いましたか。（10）

（　　）

(6) ㋑さようならと言ったあと、みきは、きゅうに、どんな気もちになりましたか。（10）

（　　）

みきのたからもの (2)

名前

Ⓐ

「さようなら。またいつか。」と、ナニヌネノンも言いました。

そして、マヨネーズのようきみたいな形の のりものに、するりとのりこみました。

みきは、なんども手をふりました。ナニヌネノンも、のりものの中から 手をふりました。

グイーン、と音を立てて、のりものは、空高くとんでいきました。そして、ぐんぐんと 空にすいこまれていったのです。

みきは、ひらひらとうごくリボンを、目でおいかけました。見うしなわないように、一生けんめい見つめました。リボンは、だんだん見えなくなりました。

もらった小さな石を、ぎゅっとにぎったまま、みきは、ナニヌネノンが きえていった空を 見上げていました。

夕方のからすが、カア、カア、と鳴きながら、とんでいきました。

それからなのです。「しょうらいのゆめ」について しつもんされたとき、みきが「うちゅうひこうし」とこたえるようになったのは。

ナニヌネノンと出会ったことは、だれにも話していません。心の中に、そっとしまっておきたい できごとなのです。

みきのつくえの引き出しには、あのときにもらった ㋐小さな石が、だいじにしまってあります。

ひみつのたからものです。

（令和六年度版　光村図書　こくご　二下　赤とんぼ　はちかい　みみ）

● 上の 文しょうを 読んで こたえましょう。

(1) マヨネーズのようきみたいな形の のりものに のったのは だれですか。⑩

（　　　）

(2) ナニヌネノンは、だれに 手をふりましたか。⑩

（　　　）

(3) Ⓐの文しょうには、みきが、ナニヌネノンを 見おくるときのようすが 書かれています。お話のじゅんになるように（　）に すう字を書きましょう。⑮

（　）もらった石をぎゅっとにぎったまま、空を 見上げていました。

（　）リボンを目でおいかけました。

（　）なんども手をふりました。

（　）リボンを、一生けんめい見つめました。

(4) Ⓐのお話は、いつのできごとですか。（　）に○をつけましょう。⑩

（　）朝　（　）昼　（　）夕方

(5) 「しょうらいのゆめ」について しつもんされたとき、みきは、なんと こたえるようになりましたか。⑮

（　　　）

(6) みきが、ナニヌネノンと出会ったことを、だれにも話していないのは、なぜですか。⑮

（　　　）

(7) あのときにもらった ㋐小さな石は、どこにしまってありますか。⑮

（　　　）

(8) 小さな石は、どんなたからものですか。⑩

□□□ の たからもの

お話のさくしゃになろう (1)

名前

とんがり山に　赤いやねの　家があります。その家で、くまのプクは、おかあさんと、いもうとのピコの　三人で　くらしています。

きょうは　ピコの　たんじょう日。おかあさんは、ケーキを　つくります。ピコに　なにか　いいことを、してあげたいと、プクは　考えました。

□

あ
おかあさん。ぼくは、川に　ピコのすきな　魚を　つりに行っても　いいかな。と、プクは　おかあさんに　ききました。
それは、よい　かんがえね。気をつけていってきてね。と、おかあさんは、いいました。
おにいちゃん、いってらっしゃい。と、ピコが　いいました。

川につくと、プクは、すぐに　魚をつりはじめました。あっというまに、プクは、おいしそうな魚を　十ぴきも　つりました。ふと見ると、川のよこに、かわいい花が　たくさん　さいています。おかあさんも、ピコも、花が　すきです。プクは、花も　つんで　かえることに　しました。

プクが　家に帰ると、いいにおいがしています。ちょうど、お母さんの　ケーキが　できあがったのです。

□

い「ただいま。」
う「おかえり。まあ、すてき。きれいなお花。」
プクがもって帰った　たくさんの魚と花を見て、お母さんとピコが言いました。
え ピコは、花びんに、花を　かざりました。
お おかあさんは　魚を　やきました。
そして、三人は、きれいな花を見ながら、ピコの大すきな魚と、おいしいケーキを食べました。

三人は、とても、しあわせな気もちで、ピコの　たんじょう日の　日を　すごすことができました。

□

● 上の　文しょうを　読んで　こたえましょう。

(1) つぎの文は、お話の　まとまりについてせつめいしています。それぞれの（　）に、「はじめ」「中」「おわり」を書きましょう。(5×3)

（　　）さいごに、とうじょうじんぶつが　どうなったか。
（　　）とうじょうじんぶつのしょうかいや、おはなしのきっかけ。
（　　）だれが、何を言ったり、したりしたかなど、おこったできごと。

(2) 上のお話の□に、「はじめ」「中」「おわり」を書きましょう。(5×3)

(3) 上のお話の　とうじょうじんぶつを書きましょう。(6×3)

（　　）（　　）（　　）

(4) あの文の中には、会話が三つあります。文の中に、かぎ（「」）を三かしょに　書きましょう。(6×3)

(5) いとうは、だれが言ったことばですか。（　）に書きましょう。(6×3)

い（　　）
う（　　）（　　）

(6) えおの文の　主語のよこに　――せん、述語のよこに　～～せんを　書きましょう。(4×4)

お話のさくしゃに なろう (2)

名前

● お話を 考えて 下の あ～うの □に 書きましょう。

・「はじめ」「おわり」は 絵に あわせて 書きましょう。
・「中」で、どんな できごとが おこるかを 考えましょう。
・上の □に その できごとの 絵も かきましょう。

はじめ

あ

中

い

おわり

う

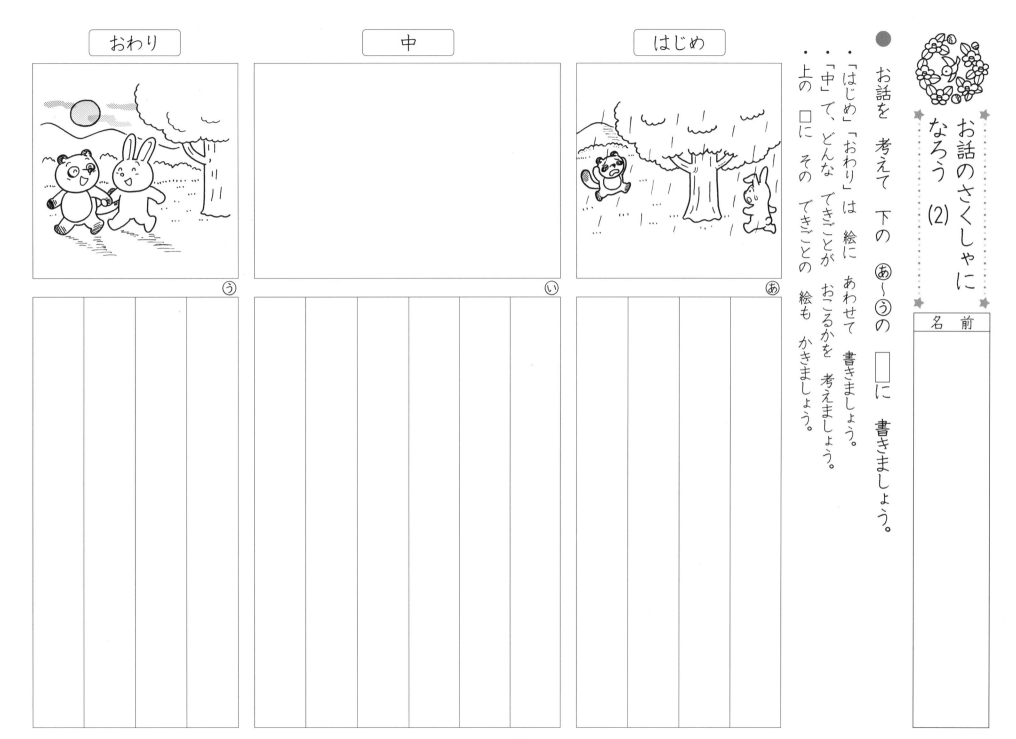

冬がいっぱい (1)

名前

● 上の　絵を　見て　こたえましょう。

(1) 冬に　かんけいの　ある　花や　やさいの　名まえを　□から　さがして　四つ　書きましょう。(16×4)

（　　　）（　　　）（　　　）（　　　）

なの花・はくさい・きゅうり・すすき
コスモス・つばき・ひいらぎ・ひまわり
うめの花・れんげそう・すいせん

(2) 冬に　かんけいの　ある　生きものの　名まえを　□から　さがして　二つ　書きましょう。(18×2)

（　　　）（　　　）

てんとう虫・はくちょう・赤とんぼ
かぶと虫・すず虫・まがも・みの虫
ほたる・みつばち・うぐいす

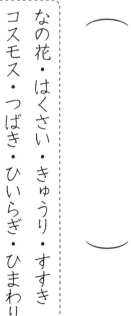

冬が いっぱい (2)

名前

ゆき

（文《もん》部《ぶ》省《しょう》唱《しょう》歌《か》）

ゆきや　こんこ
あられや　こんこ
ふっては　ふっては
ずんずん　つもる
やまも　のはらも
㋐わたぼうし　かぶり
㋑かれき　のこらず
はなが　さく

（令和六年度版　光村図書　こくご　二下　赤とんぼ「冬が いっぱい」による）

● 上の　しを　読んで　こたえましょう。

(1) なにが　ふって　いますか。二つ　書きましょう。(12×2)

（　　　　）（　　　　）

(2) □に　あてはまる　ことばを　かきましょう。(12×2)

① ゆきや　□□□

② あられや　□□□

(3) つもる　ようすを　あらわす　四字の　ことばを　書きましょう。(12)

□□□□

(4) ㋐わたぼうし　かぶり　とは、どんな　ようすを　あらわして　いますか。(20)

（　　　　）

(5) ㋑かれき　のこらず　はなが　さく　とは、どんな　ようすを　あらわして　いますか。(20)

（　　　　）

ねこのこ　おとのはなびら

名前

ねこのこ

おおくぼ　ていこ

あくび　ゆうゆう
あまえて　ごろごろ
たまご　ころころ
けいと　もしゃもしゃ
かくれても　ちりん
しかられて　しゅん
よばれて　つん
ミルクで　にゃん

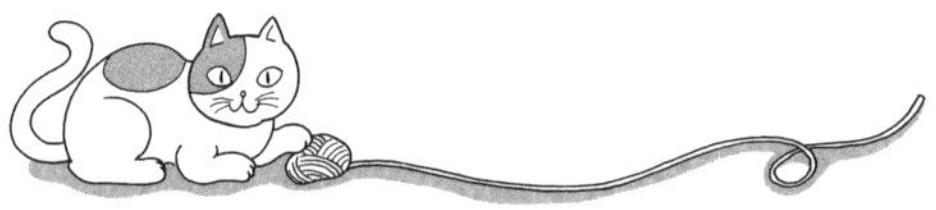

（令和六年度版　光村図書　こくご　二下　赤とんぼ　おおくぼ　ていこ）

おとのはなびら

のろ　さかん

ピアノのおとに　いろがついたら
ポロン　ピアノが　なるたびに
ポロン　ピアノが　なるたびに
おとのはなびら　へやにあふれて
おとのはなびら　にわにあふれて
おとのかだんを　つくるかしら

（令和六年度版　光村図書　こくご　二下　赤とんぼ　のろ　さかん）

●「ねこのこ」を　読んで　こたえましょう。

(1) つぎの　①〜④のことばは、ねこの　どんなようすを　あらわしていますか。あとの　[　　]　からえらんで、（　）に　あいうえで　答えましょう。（10×4）

① ころころ　（　　）
② もしゃもしゃ　（　　）
③ ちりん　（　　）
④ つん　（　　）

あ けいとで　あそんでいるようす。
い たまごで　あそんでいるようす。
う かくれていても、すずの音を　ならしてしまうようす。
え よばれても　しらないふりをしているようす。

(2) あなたがすきな　ねこのようすを「ねこのこ」からさがして書きましょう。（15）

（　　　　）

●「おとのはなびら」を　読んで　こたえましょう。

(1)「おと」とは、なんの　音ですか。（15）

（　　　　）

(2) いろがついた　ピアノのおとを　なにに　たとえていますか。（15）

[　][　][　][　]

(3)「おとのはなびら」があふれてつくる　ものは　なんですか。（15）

（　　　　）

かたかなで書くことば

名前

(1) つぎの①～④はかたかなで書くことばです。□から、あてはまるものをえらんで、（　）に書きましょう。(4×10)

① どうぶつの鳴き声　（　　）（　　）

② いろいろなものの音　（　　）（　　）

③ 外国から来たことば　（　　）（　　）

④ 外国の、国や土地、人の名前　（　　）（　　）（　　）（　　）

チリンチリン
エジソン
リボン
シンデレラ
ローマ
ゴーン
アフリカ
ワンワン
セーター
チューチュー

(2) かたかなで書くことばを、それぞれ二つさがして（　）に○をつけましょう。(4×6)

①
（　）おしょうがつ
（　）ぷれぜんと
（　）くりすます

②
（　）とらんぺっと
（　）たいこ
（　）はんどべる

③
（　）たおる
（　）はんかち
（　）てぬぐい

(3) つぎの絵を見て答えましょう。

① かたかなで書くことばを見つけて、かたかなになおして六つ書きましょう。(4×6)

（　　）（　　）（　　）（　　）（　　）（　　）

② 絵の中のことばをつかって、文をつくりましょう。かたかなで書くことばは、かたかなになおして書きましょう。(6×2)

[れい] わたしは、ピアノにあわせてクラリネットをふきました。

（　　）
（　　）

ロボット

名前

㋐ほかに、空をとんで、あぶないばしょのようすを見に行ってくれるロボットもあります。

㋑このロボットは、ほかのものにぶつからないようにしながら、きめられたばしょまでとんでいきます。そして、体についているカメラで、空からしゃしんやどうがをとります。㋒じしんやこうずいがおきたら、たてものがこわれていないかや、川の水がどれぐらいふえているかを、たしかめなければなりません。でも、歩いてしらべに行くと、とちゅうで道がくずれたり、水がながれてきたりして、けがをしてしまうかもしれません。

㋓このロボットがあれば、あぶないばしょに近づけないときに、ロボットがとったしゃしんやどうがを見て、ようすを知ることができます。

（令和六年度版　光村図書　こくご　二下　赤とんぼ　さとう　ともまさ）

● 上の 文しょうを 読んで こたえましょう。

(1) ㋐ほかに、どんなロボットがあると書いてありますか。（15）

（　　　　）

(2) ㋑このロボットは、どのようにして、きめられたばしょまでとんでいきますか。（15）

（　　　　）きめられたばしょまでとんでいきます。

(3) ㋑このロボットの体には、何がついていますか。（10）

（　　　　）

(4) ㋒じしんやこうずいがおきたら、どんなことを たしかめないといけませんか。二つ書きましょう。（15×2）

（　　　　）

（　　　　）

(5) ㋓このロボットがあれば、どんなことができますか。（10×3）

（　　　　）ときに、（　　　　）を見て、（　　　　）を知ることができます。

ようすをあらわす ことば

名前

(1) 雨がはげしくふっているようすを、いろんな言い方であらわしてみましょう。
（　）にあてはまることばを、□からえらんで書きましょう。(6×3)

① 雨が（　　　）ふっている。

② 雨が（　　　）のように　ふっている。

③ 雨が（　　　）みたいに　ふっている。

ざんざん　バケツをひっくりかえした　たき

(2) （　）にあてはまることばを、□からえらんで書きましょう。(7×4)

①（　　　）まるい月。

②（　　　）たのしいできごと。

③（　　　）つめたい手。

④（　　　）ちょろちょろうごく。

こおりのように　おぼんのような　ねずみのように　ゆめのような

(3) （　）にあてはまることばを、□からえらんで書きましょう。(6×4)

① きゅう食を（　　　）食べる。

② ふうせんが（　　　）とんでいく。

③ おふろで　体を（　　　）あらう。

④ さくらの　はなびらが（　　　）ちった。

ごしごし　もりもり　ひらひら　ふわふわ

(4) つぎの文の（　）にあてはまることばを、□からえらんで書きましょう。(10×3)

日ざしが（　　　）と　あたたかい春の日。

森には（　　　）かぜが（　　　）と　ふいていた。

わくわく　そよそよ　ぐっすりと　ぽかぽか　さわやかな

見たこと、かんじたこと

名前

● つぎの しを 読んで こたえましょう。

ペンペン草《ぐさ》

ペンペン草を
ふってみた
ペンペンペンって
鳴《な》るかと思《おも》った

ペンペン草を
ふってみた
耳《みみ》たぶがすこし
くすぐったかった

（ハルキ文庫 二〇〇四年発行 阪田寛夫詩集 阪田 寛夫）

(1) くりかえしている文を書きましょう。 ⑩

(2) なぜ、ペンペン草をふってみたのですか。 ⑳

(3) なぜ、耳たぶがすこし くすぐったかったのですか。 ⑳

(4) わくわくしたこと、どきどきしたこと、はっとしたことなどを、しにしてみましょう。 ㊿

カンジーはかせの大はつめい

名前

(1) つぎの　二つのかん字を合体させると、どんなかん字ができますか。
□に、できたかん字をかきましょう。（5×6）

① 会　糸 → □

② 月　日 → □

③ 鳥　口 → □

④ 生　日 → □

⑤ 合　竹 → □

⑥ 耳　門 → □

(2) □のかん字ができるためには、どんなかん字を合体させるといいですか。
あてはまるかん字を□に書きましょう。（5×4）

① 交　□ → 校

② □　田 → 思

③ 口　□ → 知

④ □　口 → 国

(3) 二つのかん字で、ことばをつくります。あてはまるかん字を□からさがして、
□に書きましょう。（5×6）

① 算□

② □川

③ 名□

④ □室

⑤ □語

⑥ 生□

教　前　国　数　活　谷

(4) つぎのかん字と、□のかん字で、二字のかん字のことばをつくります。
できたことばを□に書きましょう。（5×4）

① 会 □□

② 場 □□

③ 気 □□

④ 草 □□

広　原　空　話

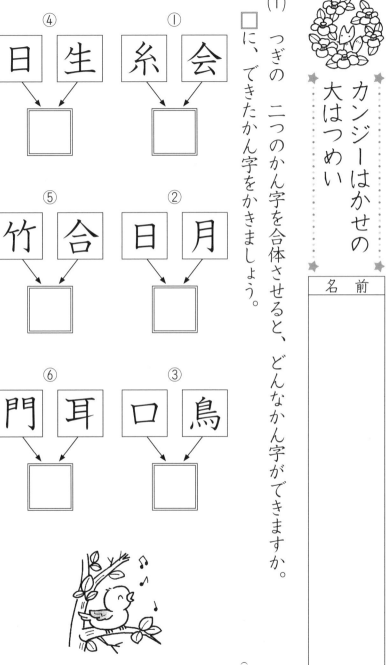

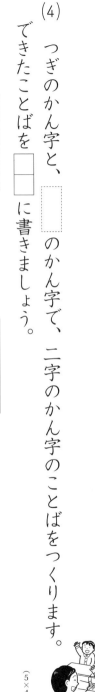

スーホの白い馬　(1)

名前

スーホは、友だちにたすけられて、やっとうちまで帰りました。

スーホの体は、きずやあざだらけでした。おばあさんが、つきっきりで手当をしてくれました。おかげで、何日かたつと、㋐きずもやっとなおってきました。それでも、白馬《しろうま》をとられたかなしみは、㋑どうしてもきえません。白馬はどうしているだろうと、スーホは、㋒そればかり考えていました。白馬は、どうなったのでしょう。

㋓すばらしい馬を手に入れたとのさまは、まったくいい気もちでした。もう、白馬をみんなに見せびらかしたくてたまりません。

そこで、ある日のこと、とのさまは、おきゃくをたくさんよんで、さかもりをしました。そのさいちゅうに、とのさまは、白馬にのって、みんなに見せてやることにしました。

家来たちが、白馬を引いてきました。とのさまは、白馬にまたがりました。

㋔そのときです。白馬は、おそろしいいきおいではね上がりました。とのさまは、じめんにころげおちました。白馬は、とのさまの手からたづなをふりはなすと、さわぎ立てるみんなの間をぬけて、風のようにかけだしました。

とのさまは、おき上がろうともがきながら、大声でどなりちらしました。

「早く、あいつをつかまえろ。つかまらないなら、弓でいころしてしまえ。」

（令和六年度版　光村図書　こくご　二下　赤とんぼ　おおつか　ゆうぞう）

● 上の　文しょうを　読んで　こたえましょう。

(1) ㋐きずもやっとなおってきました。と、ありますが、だれが、なにをしてくれたから、なおったのですか。（10×2）

（　　　）が（　　　）をしてくれたから。

(2) ㋑どうしてもきえないことは、何ですか。（10）

（　　　）

(3) ㋒そればかり考えていましたとありますが、スーホは、何を考えていましたか。（10）

（　　　）

(4) ㋓すばらしい馬を手に入れたとのさまの気もちを、二つ書きましょう。（10×2）

・まったく（　　　）でした。

・白馬をみんなに（　　　）たまりません。

(5) ㋔そのときとは、どんなときですか。（10）

（　　　）

(6) ㋔そのときどんなことがおこりましたか。（10×3）

白馬は（　　　）いきおいで（　　　）。とのさまは、じめんに（　　　）。

スーホの白い馬 (2)

名前

家来たちは、いっせいにおいかけました。けれども、白馬《しろうま》にはとてもおいつけません。家来たちは、弓を引きしぼり、いっせいに㋐矢をはなちました。矢は、うなりを立ててとびました。白馬の せには、つぎつぎに、矢がささりました。

㋑［　　］、白馬は走りつづけました。

そのばんのことです。スーホがねようとしていたとき、ふいに、外の方で音がしました。

「だれだ。」

ときいてもへんじはなく、カタカタ、カタカタと、もの音がつづいています。ようすを見に出ていったおばあさんが、さけび声を上げました。

「白馬だよ。うちの白馬だよ。」

スーホははねおきて、かけていきました。見ると、本当に、白馬はそこにいました。けれど、その体には、矢が何本もつきささり、あせが、たきのようにながれおちています。白馬は、ひどいきずをうけながら、走って、走って、走りつづけて、大すきなスーホのところへ㋒帰ってきたのです。

スーホは、㋓はを食いしばりながら、白馬にささっている矢をぬきました。きず口からは、㋔血《ち》がふき出しました。

「白馬、ぼくの白馬、
しなないでおくれ。」

でも、白馬は、弱りはてていました。いきは、だんだん細くなり、目の光もきえていきました。

㋕［　　］、

つぎの日、白馬は、しんでしまいました。

（令和六年度版　光村図書　こくご　二下　赤とんぼ　おおつか　ゆうぞう）

● 上の 文しょうを 読んで こたえましょう。

(1) ㋐矢をはなちましたについてこたえましょう。

① だれが、だれに、矢をはなちましたか。(10×2)

だれが（　　　　）　だれに（　　　　）

② 矢は、どこにささりましたか。(10)

（　　　　）

(2) ㋑㋕の［　］にあてはまることばを【そして・そのうえ・それでも】からえらんで、［　］に書き入れましょう。(6×2)

(3) せに 矢がささった白馬は、どうしましたか。(10)

（　　　　）

(4) スーホが、はねおきて見た白馬のようすを 書きましょう。(6×3)

その体には（　　　）が何本も（　　　）、あせが、（　　　）のようにながれおちています。

(5) 白馬は、どこへ㋒帰ってきたのですか。(10)

（　　　　）

(6) ㋓はを食いしばりながらスーホは何をしましたか。(10)

（　　　　）

(7) ㋔血がふき出したのを見て、スーホは何と言いましたか。(10)

「（　　　　）」

スーホの白い馬 (3)

名前

かなしさとくやしさで、スーホは、㋐いくばんもねむれませんでした。でも、やっとあるばん、とろとろとねむりこんだとき、スーホは、白馬《しろうま》のゆめを見ました。スーホがなでてやると、白馬は、体をすりよせました。そして、やさしくスーホに話しかけました。

あ「そんなにかなしまないでください。それより、わたしの　ほねやかわや、すじや毛をつかって、㋑がっきを作ってください。そうすれば、わたしは、いつまでもあなたのそばにいられますから。」

スーホは、ゆめからさめると、すぐ、そのがっきを作りはじめました。ゆめで、白馬が教えてくれたとおりに、ほねやかわや、すじや毛を、むちゅうで組み立てていきました。

㋒がっきはできあがりました。これが馬頭琴《ばとうきん》です。

スーホは、どこへ行くときも、この馬頭琴をもっていきました。それをひくたびに、スーホは、白馬をころされたくやしさや、白馬にのって草原をかけ回った楽しさを㋓思い出しました。そして、スーホは、自分のすぐわきに白馬がいるような㋔気がしました。そんなとき、がっきの音は、ますますうつくしくひびき、聞く人の心をゆりうごかすのでした。

（令和六年度版　光村図書　こくご　二下　赤とんぼ　おおつか　ゆうぞう）

● 上の　文しょうを　読んで　こたえましょう。

(1) スーホは、なぜ㋐いくばんもねむれなかったのですか。(10×2)

白馬が、しんでしまった（　　　）と（　　　）でねむれなかったから。

(2) あは、だれのことばですか。あてはまるほうに○をつけましょう。(6)

（　）よわって、しんでいくときの白馬が言ったことば。

（　）スーホのゆめに出てきた白馬が言ったことば。

(3) 白馬は、なぜ、㋑がっきを作ってください。と言ったのですか。文中より書き出しましょう。(10)

そうすれば、（　　　）

(4) ㋒がっきについてこたえましょう。

① がっきは、白馬の何をつかって作られましたか。四つ書きましょう。(6×4)

（　　）（　　）（　　）（　　）

② がっきのなまえを、ひらがなで書きましょう。(10)

（　　　）

(5) ㋓がっきをひくたびに、スーホは、どんなことを思い出しましたか。二つ書きましょう。(10×2)

（　　　）

（　　　）

(6) スーホは、がっきをひくたびに、どんな㋔気がしましたか。文中より書き出しましょう。(10)

（　　　）

スーホの白い馬 (4)
(全文読解《ぜんぶんどっかい》)

名前

教科書《きょうかしょ》

「スーホの白い馬」を読んで 答えましょう。

(1) つぎの絵が、お話のじゅんになるように、□に1〜8のばんごうを書きましょう。(20)

(2) 馬頭琴《ばとうきん》というがっきの名まえは、なぜついたのですか。つぎの文の□に、かん字を一文字ずつ書きましょう。(10×3)

がっきのいちばん □ が、□ の □ の形をしているから。

(3) つぎの文は、スーホの白馬におこったできごとです。お話のじゅんになるように、( )にすう字を書きましょう。(20)

( )とのさまの家来に弓矢でいられて、せに、矢がたくさんささった。

( )子馬のときに、スーホにたすけられた。

( )大すきなスーホのところに帰った。

( )スーホといっしょに、とのさまのけい馬の大会に出て、一等になった。

( )とのさまにとりあげられたが、にげだした。

( )しんでしまった。

( )がっきになった。

( )ひつじをまもるために、おおかみとたたかった。

(4) スーホはどんな子でしたか。あてはまるもの三つに○をつけましょう。(10×3)

( )とても歌がうまい。

( )おかあさんと、年とったおばあさんと、くらしていた。

( )おとなにまけないぐらい、よくはたらく。

( )毎朝、たくさんの馬をおって草原に出ている。

( )まずしいひつじかいの少年。

かんじ かき

かん字の広場 (1)(2)

名前

● □にかん字を書きましょう。（2×50）

①□《やま》と②□《かわ》　③□《はやし》と④□《もり》　⑤□《うみ》と⑥□《そら》　⑦□《むら》と⑧□《まち》

⑨□□《ゆうひ》　⑩□《た》んぼ　⑪□《たけ》　⑫□《あお》い　⑬□《あか》い　⑭□《かい》がら

⑮□《たま》のり　⑯□《くさ》と⑰□《き》　⑱□□《がっこう》　⑲□《くるま》　⑳□《おう》さま

下を㉑□《み》る　㉒□《いぬ》　㉓□《か》だん　㉔□《くさ》とり　かん㉕□《じ》

㉖□《あめ》　㉗□《ぶん》しょう　㉘□《くち》と㉙□《みみ》　㉚□《て》と㉛□《あし》

㉜□《いと》でんわ　㉝□□《てんき》　㉞□《はや》おき　㉟□□《はなび》　㊱□《むし》とり

㊲□《げつ》曜㊳□《び》　㊴□《か》曜㊵□《び》　㊶□《すい》曜㊷□《び》　㊸□《もく》曜㊹□《び》

㊺□《きん》曜㊻□《び》　㊼□《ど》曜㊽□《び》　㊾□《にち》曜㊿□《び》

／100

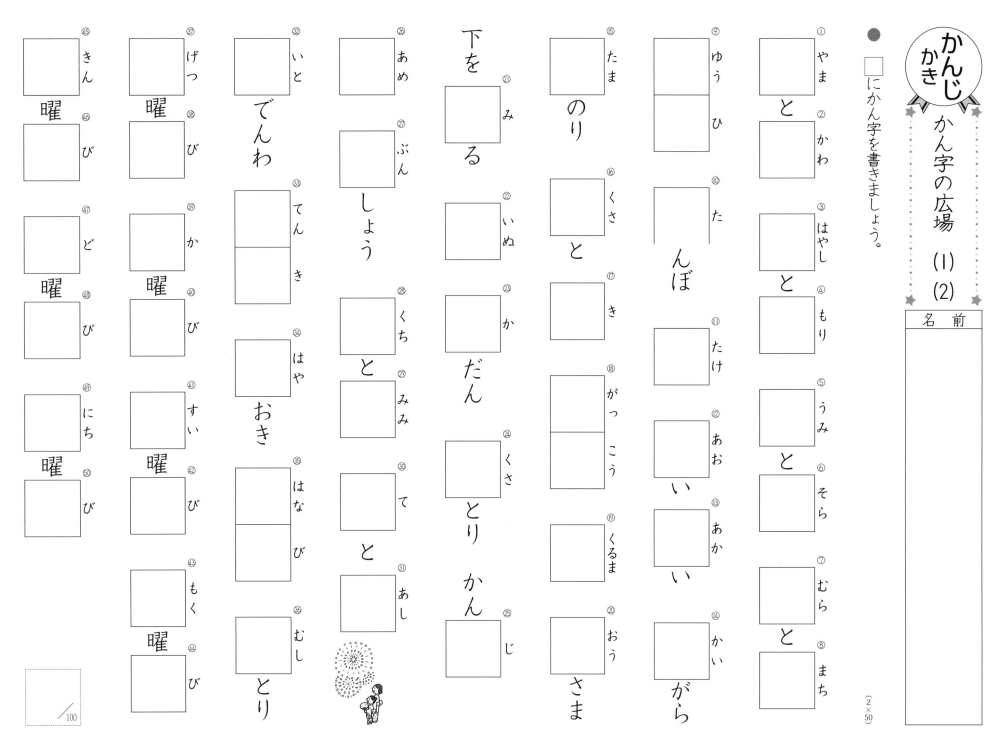

かんじかき

かん字の広場 (3)(4)(5)

名前

● □にかん字を書きましょう。（2×50）

① □《て》

② □《くち》

③ □《め》

④ □《みみ》

⑤ □□《せんせい》

⑥ □《おと》

⑦ □《ただ》しい 上に

⑧ □《た》つ

⑨ □《み》つける

⑩ □《あか》い

⑪ □《しろ》い

⑫ □《はな》

⑬ □《つき》

⑭ □《いし》

⑮ □□□《いちねんせい》

⑯ □《おお》きい

⑰ □《ちゅう》ぐらい

⑱ □《ちい》さい

⑲ □□□《ろっぴゃくえん》

⑳ □□□《ななじゅうえん》

㉑ □《あま》の ㉒ □《がわ》

㉓ □□《せんえん》さつ

㉔ □□□《ひゃくえんだま》

㉕ □□《いっぽん》

㉖ □《に》ひき

㉗ □《さん》びき

㉘ □《よん》たば

㉙ □《ご》ひき

㉚ □《きゅう》はち

㉛ □□《はちにん》

㉜ □《はや》い

㉝ □《いぬ》

㉞ □□《あおぞら》

㉟ □《き》もち

㊱ □《うえ》

㊲ □《した》

㊳ □《ひだり》

㊴ □《みぎ》

㊵ □《で》る

㊶ □《はい》る

㊷ □《おとこ》の ㊸ □《こ》

㊹ □《おんな》の ㊺ □《こ》

かけ ㊻ □《あし》

㊼ □《やす》む

㊽ □《ちから》もち

㊾ □□《たけうま》

㊿ □□《めいじん》

／100

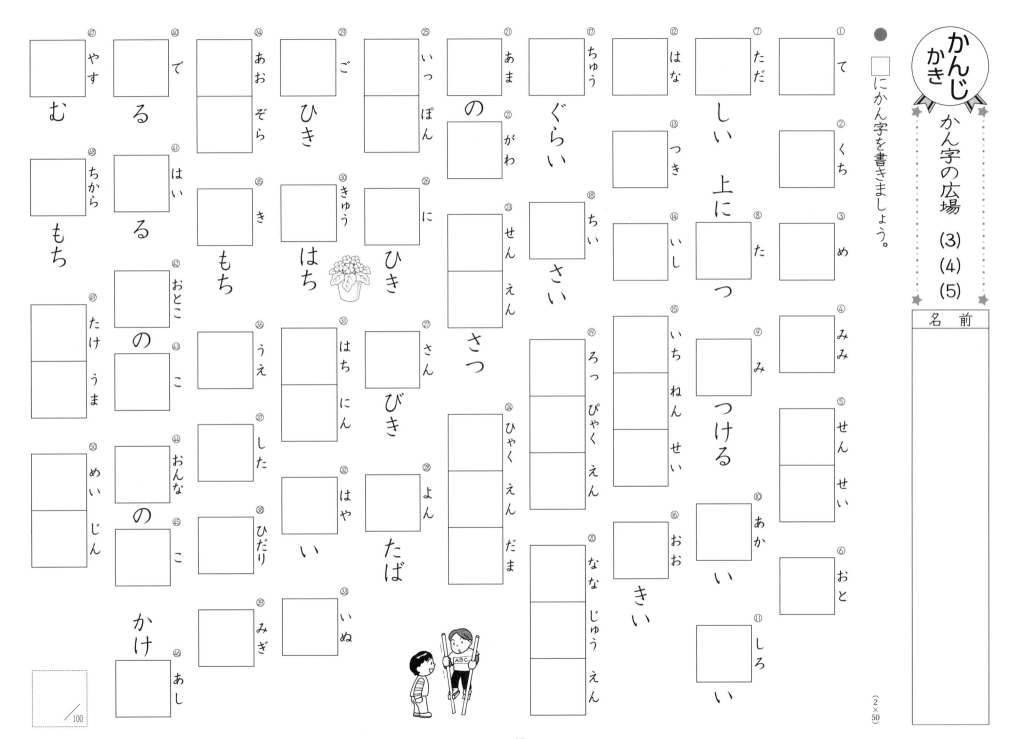

かんじよみ

かん字① 読み

——のよこに、かん字の読みを書きましょう。

（3×33＋名前1）

名前

本を①読む　②雪がふる　小さな③声

おれいを④言う　とおくへ⑤行く　⑥南のまど

⑦図書館《かん》　おりがみのおり⑧方　⑨絵をみる

⑩知りたいこと　⑪春の花　⑫思い出す　⑬日記

金⑭曜日　ひき⑮肉　⑯話す　⑰聞く

⑱黄色い花　⑲黒いくつ　⑳太い木　わた㉑毛

㉒高い山　㉓風がふく　㉔晴れる

㉕多い　㉖新しい　㉗考える　山の㉘形

㉙体の大きさ　㉚長いひも　㉛近づける

㉜同じかばんをもつ　㉝今すぐ

／100

かんじ かき

かん字① 書き

名前

（3×33＋名前1）

● □にかん字を書きましょう。

本を①□《よ》む　②□《ゆき》がふる　小さな③□《こえ》　おれいを④□《い》う

とおくへ⑤□《い》く　⑥□《みなみ》のまど　⑦□□《としょ》館《かん》

おりがみのおり⑧□《かた》　⑨□《え》をみる　⑩□《し》りたいこと

⑪□《はる》の花　⑫□《おも》い出す　⑬□□《にっき》　金⑭□□《ようび》

ひき⑮□《にく》　⑯□《はな》す　⑰□《き》く　⑱□□《きいろ》い花

⑲□《くろ》いくつ　⑳□《ふと》い木　わた㉑□《げ》　㉒□《たか》い山

㉓□《かぜ》がふく　㉔□《は》れる　㉕□《おお》い　㉖□《あたら》しい

㉗□《かんが》える　山の㉘□《かたち》　㉙□《からだ》の大きさ　㉚□《なが》いひも

㉛□《ちか》づける　㉜□《おな》じかばんをもつ　㉝□《いま》すぐ

/100

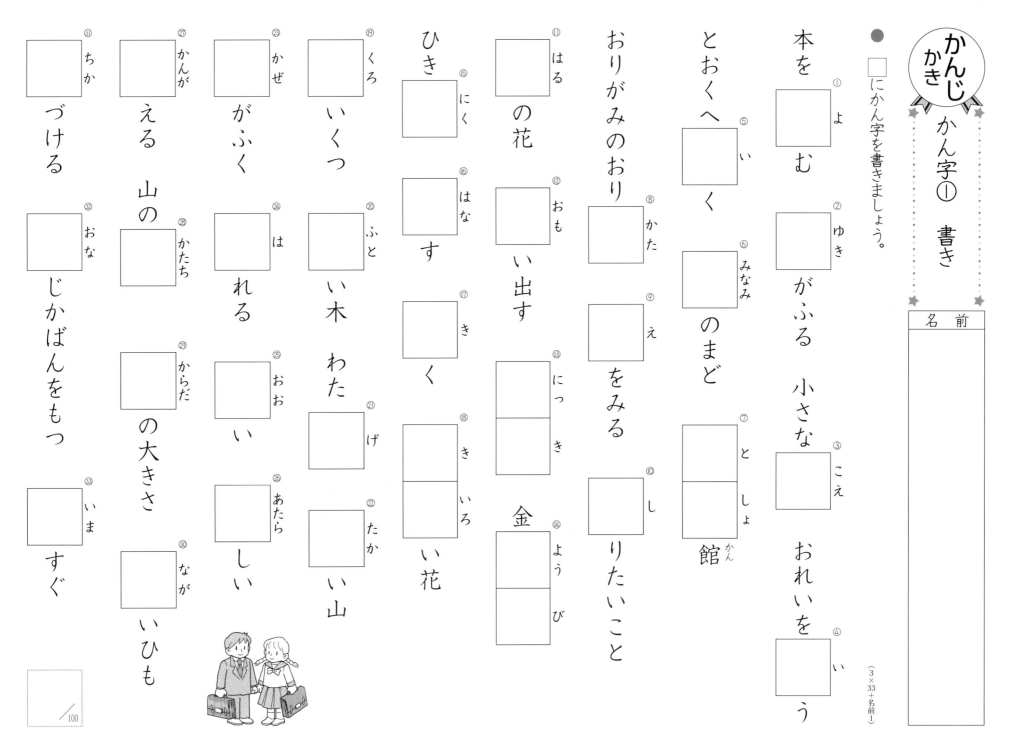

かんじよみ

かん字② 読み

——のよこに、かん字の読みを書きましょう。

名前

（3×33＋名前1）

①会社　②小刀　③切る　④町内　⑤店

⑥姉と⑦妹　まっすぐな⑧線　⑨汽車にのる

⑩海が見える　小さな⑪魚　⑫広いにわ

⑬名前　⑭元気な犬　大きい⑮岩

⑯食べられる　⑰教える　青い⑱光

⑲家にかえる　学校の⑳池　㉑後ろのドア

りんごの㉒数　㉓組み立てる　㉔丸と㉕点をかく

ノートを㉖買う　つな㉗引き　ちょうの㉘羽

㉙雲の上にのる　㉚夏休み　㉛公園

㉜通る　㉝十万本の花

/100

かんじ
かき

かん字② 書き

名前

● □にかん字を書きましょう。

（3×33＋名前1）

①□□《かいしゃ》　②□□《こがたな》　③□《き》る　④□□《ちょうない》　⑤□《みせ》

⑥□《あね》と⑦□《いもうと》　まっすぐな⑧□《せん》　⑨□□《きしゃ》にのる

⑩□《うみ》が見える　小さな⑪□《さかな》　⑫□《ひろ》いにわ　⑬□□《なまえ》

⑭□□《げんき》な犬　大きい⑮□《いわ》　⑯□《た》べられる　⑰□《おし》える

青い⑱□《ひかり》　⑲□《いえ》にかえる　学校の⑳□《いけ》　㉑□《うし》ろのドア

りんごの㉒□《かず》　㉓□《く》み立てる　㉔□《まる》と㉕□《てん》をかく

ノートを㉖□《か》う　つな㉗□《ひ》き　ちょうの㉘□《はね》

㉙□《くも》の上にのる　㉚□《なつ》休み　㉛□□《こうえん》

㉜□《とお》る　㉝□□《じゅうまん》本の花

／100

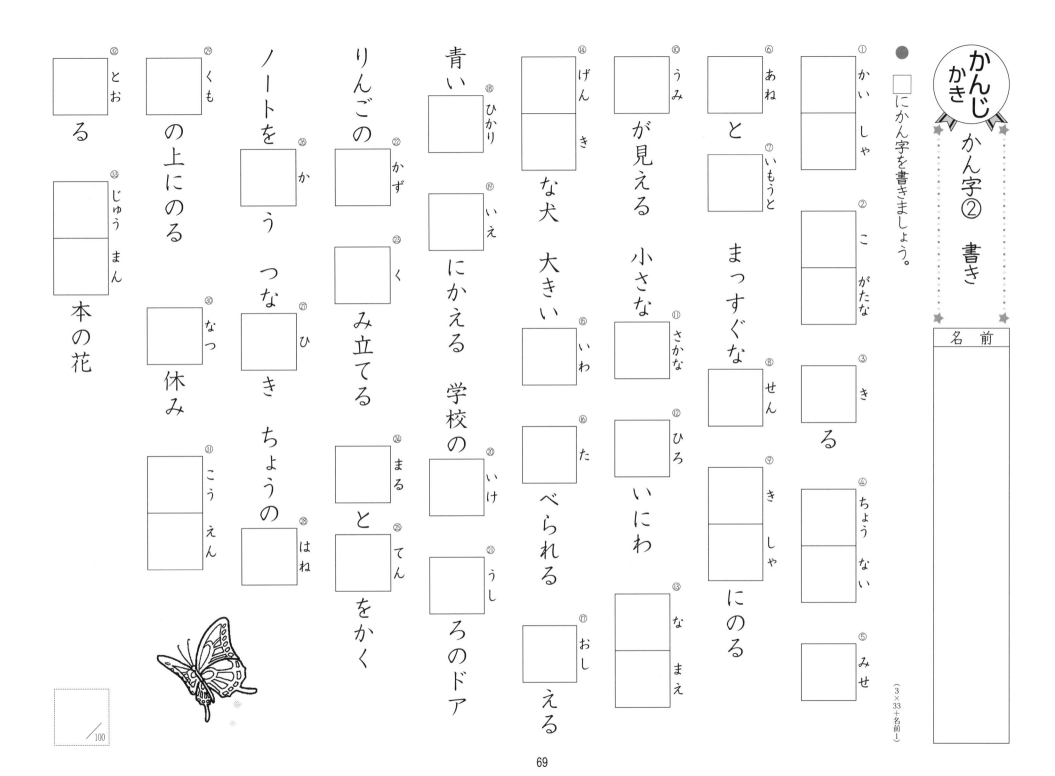

かんじよみ　かん字③　読み

——のよこに、かん字の読みを書きましょう。

（3×33＋名前1）

名前

①頭の中　おじさんが②来た　③鳥がとぶ

④歌をきく　こたえが⑤分かる　えいがを⑥三回みる

文を書き⑦直す　⑧朝ごはん　⑨顔をあらう

⑩毎日　ボールを⑪当てる　食べている⑫間

⑬昼ねをする　⑭半分にわける　⑮電話　⑯夜

⑰外に出る　⑱楽しむ　⑲親しむ　⑳午前中

㉑父　㉒母　㉓兄　㉔姉　㉕弟　㉖妹

㉗教科書　㉘国語　㉙算数　㉚生活

㉛図工　㉜自分　いそがしい㉝時

/100

かんじかき　かん字③　書き

名前

● □にかん字を書きましょう。

（3×33＋名前1）

① □《あたま》の中　おじさんが　② □《き》た　③ □《とり》がとぶ

④ □《うた》をきく　こたえが　⑤ □《わ》かる　えいがを　⑥ □《さん》□《かい》みる

文を書き　⑦ □《なお》す　⑧ □《あさ》ごはん　⑨ □《かお》をあらう

⑩ □《まい》□《にち》　ボールを　⑪ □《あ》てる　食べている　⑫ □《あいだ》

⑬ □《ひる》ねをする　⑭ □《はん》□《ぶん》にわける　⑮ □《でん》□《わ》　⑯ □《よる》

⑰ □《そと》に出る　⑱ □《たの》しむ　⑲ □《した》しむ　⑳ □《ご》□《ぜん》□《ちゅう》

㉑ □《ちち》　㉒ □《はは》　㉓ □《あに》　㉔ □《あね》　㉕ □《おとうと》　㉖ □《いもうと》

㉗ □《きょう》□《か》□《しょ》　㉘ □《こく》□《ご》　㉙ □《さん》□《すう》　㉚ □《せい》□《かつ》

㉛ □《ず》□《こう》　㉜ □《じ》□《ぶん》　いそがしい　㉝ □《とき》

／100

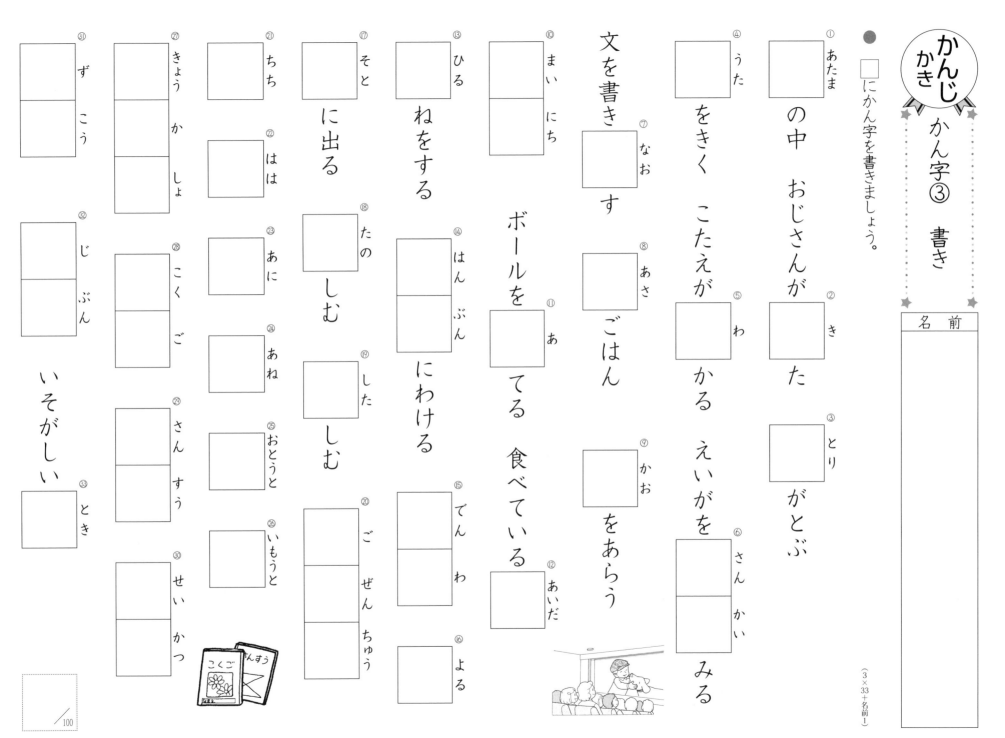

かんじよみ かん字④ 読み

——のよこに、かん字の読みを書きましょう。

（3×33＋名前1）

名前

1. 家に①帰る　②何をしようか　知り③合い
2. たぬきの④里　⑤今週　⑥当番をかわる
3. ⑦画用紙にかく　⑧四角く切る　⑨交通あんぜん
4. ⑩風がふく　⑪星空　⑫明るい　⑬東京
5. ⑭古いお⑮寺　⑯西の山　⑰止まる
6. ⑱野原にさく花　⑲台にのぼる　⑳船にのる
7. お㉑米をかう　㉒秋の夜　おかしを㉓作る
8. ㉔理由《ゆう》をきく　㉕少し　山と㉖谷　㉗細い
9. ㉘首かざり　すずめが㉙鳴く　㉚心の中
10. さむい㉛冬　㉜雨戸をしめる　㉝麦茶をのむ

／100

かんじかき　かん字④　書き

名前

● □にかん字を書きましょう。

（3×33＋名前1）

家に　①□《かえ》る　②□《なに》をしようか　知り③□《あ》い

たぬきの④□《さと》　⑤□□《こんしゅう》　⑥□□《とうばん》をかわる

⑦□□□《がようし》にかく　⑧□□《しかく》く切る

⑨□□《こうつう》あんぜん　⑩□《かぜ》がふく　⑪□□《ほしぞら》

⑫□《あか》るい　⑬□□《とうきょう》　⑭□《ふる》い　お⑮□《てら》　⑯□《にし》の山

とけいが⑰□《と》まる　⑱□□《のはら》にさく花　⑲□《だい》にのぼる

⑳□《ふね》にのる　お㉑□《こめ》をかう　㉒□《あき》の夜長

おかしを㉓□《つく》る　㉔□《り》由《ゆう》をきく　㉕□《すこ》し　山と㉖□《たに》

㉗□《ほそ》い　㉘□《くび》かざり　すずめが㉙□《な》く　㉚□《こころ》の中

さむい㉛□《ふゆ》　㉜□□《あまど》をしめる　㉝□□《むぎちゃ》をのむ

／100

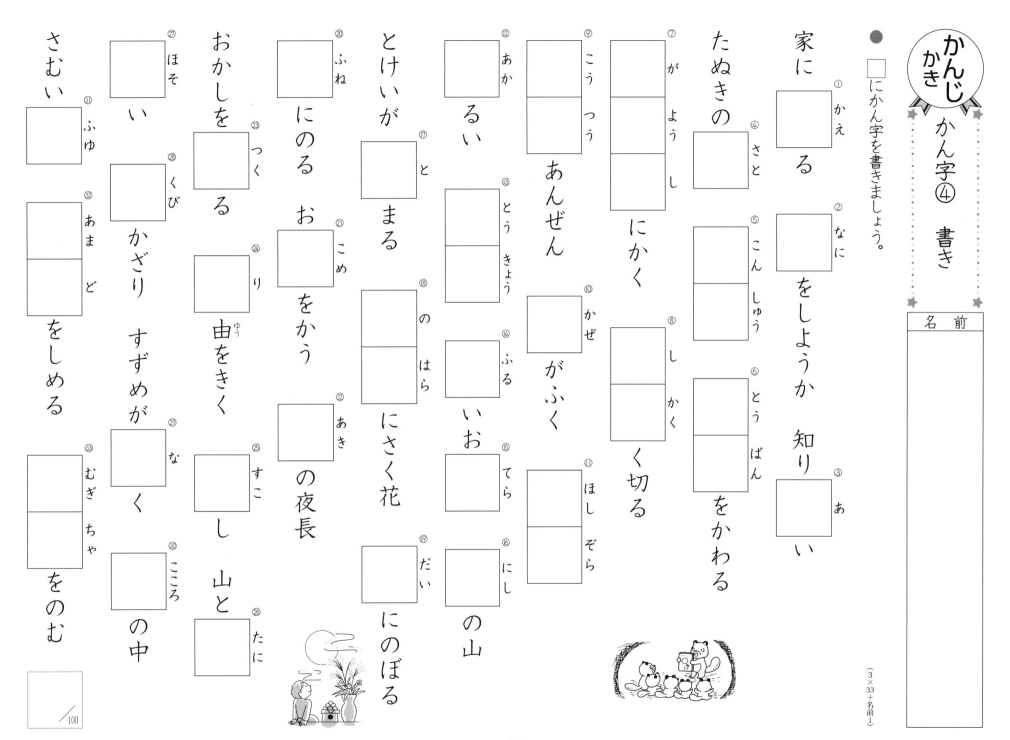

かんじよみ

かん字⑤　読み

――のよこに、かん字の読みを書きましょう。

名前

（3×33＋名前1）

①市場へいく　ひろい②土地　③答えを書く

ろうかを④歩く　はかせは⑤天才だ　学校の⑥正門

⑦弓矢をつかう　⑧計算をする　きゅうしょく⑨室

⑩馬にのる　⑪北のやね　⑫牛が草をたべる

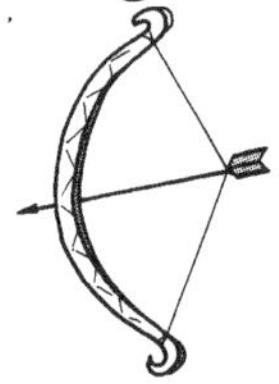

やさいを⑬売る　犬が⑭走る　風が⑮強まる

風が⑯弱まる　⑰音読する　こん⑱虫

ノートに⑲書く　はが⑳生える　㉑水中

しめり㉒気　一㉓行目　こま㉔名人　先の㉕方を見る

㉖音声　㉗会話　㉘店長になる　㉙足りる

㉚空っぽ　先生に㉛会う　みの㉜回り　㉝遠足

／100

かんじ かき

かん字⑤ 書き

名前

● □にかん字を書きましょう。

（3×33＋名前1）

①□□《いちば》へいく　ひろい②□□《とち》　③□《こた》えを書く

ろうかを④□《ある》く　はかせは⑤□□《てんさい》だ　学校の⑥□□《せいもん》

⑦□□《ゆみや》をつかう　⑧□□《けいさん》をする　きゅうしょく⑨□《しつ》

⑩□《うま》にのる　⑪□《きた》のやね　⑫□《うし》が草をたべる

やさいを⑬□《う》る　犬が⑭□《はし》る　風が⑮□《つよ》まる

風が⑯□《よわ》まる　⑰□□《おんどく》する　こん⑱□《ちゅう》

ノートに⑲□《か》く　はが⑳□《は》える　㉑□□《すいちゅう》　しめり㉒□《け》

一㉓□《ぎょう》目　㉔□□《かいわ》　こま㉕□□《めいじん》　先の㉖□《ほう》を見る

㉗□□《おんせい》をきく　㉘□《から》っぽ　㉙□□《てんちょう》になる

㉚□《た》りる　先生に㉛□《あ》う　みの㉜□《まわ》り　㉝□□《えんそく》

/100

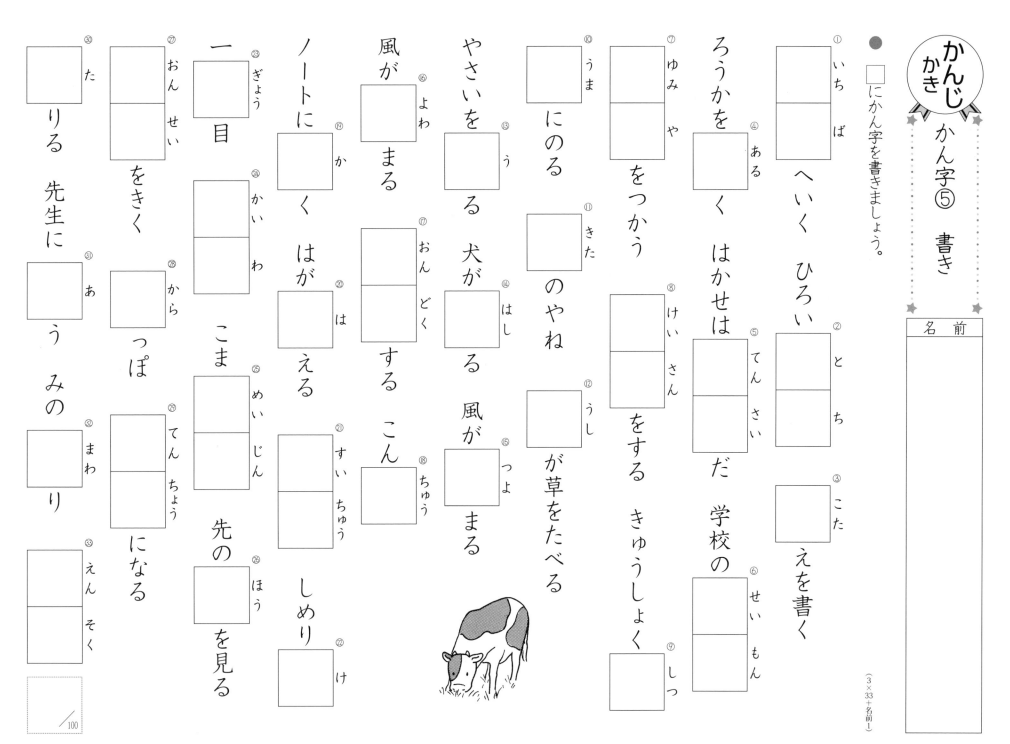

かんじよみ

かん字⑥ 読み

――のよこに、かん字の読みを書きましょう。

（3×33＋名前1）

名前

①大切にする　②半分　③三人　④午前

⑤午後　⑥時間がすぎる　⑦親友　⑧何人いますか

⑨今週のそうじ　⑩当番　⑪交通　⑫風車《ぐるま》

いちばん⑬明るい⑭星　⑮金魚　⑯空きばこ

⑰夜中に⑱下山する　⑲長方形の⑳内がわ

㉑新聞　㉒黒板《ばん》　㉓作文　㉔遠いところ

㉕一生けんめい　㉖雨戸をしめる　すずが㉗鳴る

㉘通行人　㉙土地　はつめい㉚家

㉛合体させる　けいば㉜馬　㉝家来がいる

／100

かんじかき かん字⑥ 書き

名前

● □にかん字を書きましょう。

(3×33＋名前1)

① □□《たいせつ》にする

② □□《はんぶん》

③ □□《さんにん》

④ □□《ごぜん》

⑤ □□《ごご》

⑥ □□《じかん》がすぎる

⑦ □□《しんゆう》

⑧ □□《なんにん》いますか

⑨ □□《こんしゅう》のそうじ

⑩ □□《とうばん》

⑪ □□《こうつう》

⑫ □《かざ》車《ぐるま》

いちばん ⑬ □《あか》るい

⑭ □《ほし》

⑮ □□《きんぎょ》

⑯ □《あ》きばこ

⑰ □□《よなか》

⑱ □□《げざん》する

⑲ □□□《ちょうほうけい》

⑳ □《うち》がわ

㉑ □□《しんぶん》

㉒ □《こく》板《ばん》

㉓ □□《さくぶん》

㉔ □《とお》い

㉕ □□《いっしょう》けんめい

㉖ □□《あまど》

すずが ㉗ □《な》る

㉘ □□□《つうこうにん》

㉙ □□《とち》

はつめい ㉚ □《か》

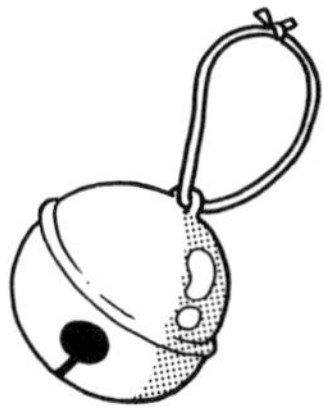

㉛ □□《がったい》させる

けい ㉜ □《ば》

㉝ □□《けらい》がいる

／100

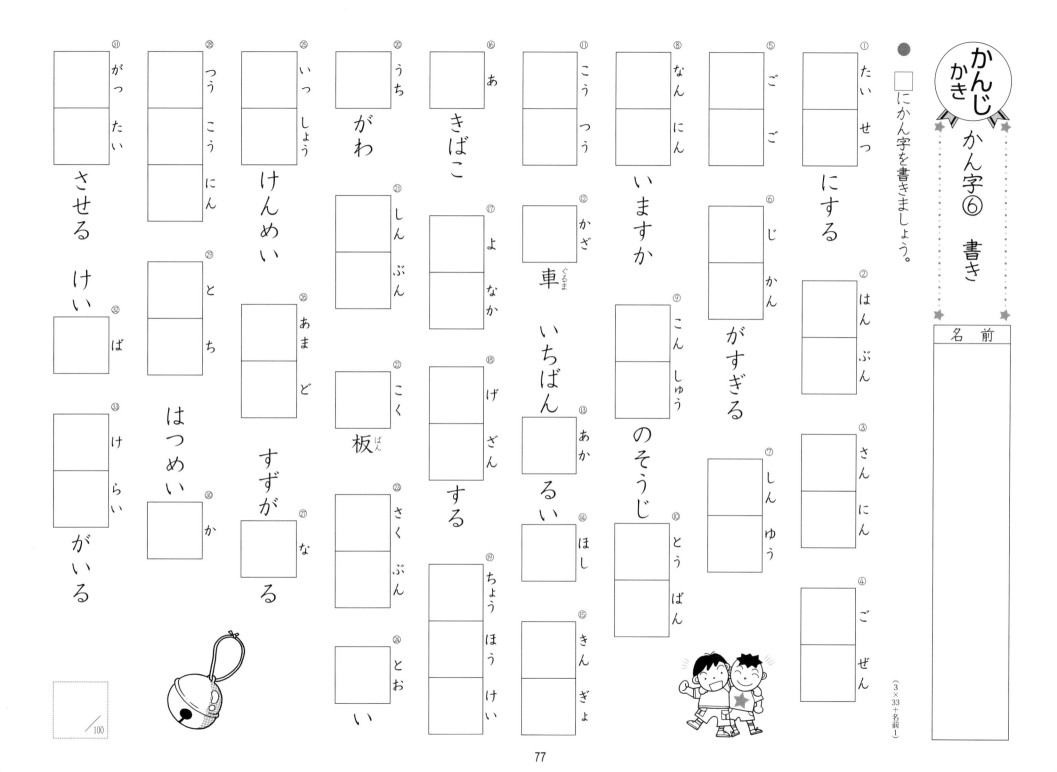

改訂版 教科書にそって学べる 国語教科書プリント 2年 光村図書版 解答例

3頁

こくごの 学びを 見わたそう
じゅんばんに ならぼう

名前

● 一年生で 学んだ こと

(1) はなす・きく・かく・よむ とき、気を つけなければ ならない ことに ○を つけましょう。

① はなす とき ※一つ○をつけましょう。
（ ）できるかぎり 大きな こえで はやく はなす。
（○）はなす じゅんじょを かんがえて ききやすい はやさで はなす。

② きく とき ※一つ○をつけましょう。
（○）はなしを ききおわったら、もっと しりたい ことを きく。

（ ）はなしを ききおわったら、おもった ことは、いわずに こころに しまっておく。

③ かく とき ※二つ○をつけましょう。
（○）「は」「を」「へ」を 正しく つかって かく。
（ ）文字は、ていねいさより はやさを たいせつにして 書く。
（○）文の おわりに まる（。）を つける。

④ よむ とき ※二つ○をつけましょう。
（ ）できるだけ いきつぎを しないで いっきに よむ。
（○）せつめいの じゅんに 気を つけて よむ。
（○）だれが、なにを いったかを、たしかめながら よむ。

● じゅんばんに ならぼう

(2) つぎの ①〜③の じゅんばんに ならぶように（ ）に 名まえを かきましょう。

名まえ	たんじょう日	おきたじかん
ゆうか	九月二十日	六時三十ぷん
ひさし	四月八日	五時二十ぷん
あき	七月五日	五時四十五ふん
すばる	十二月三十一日	五時十ぷん
なおと	十一月十六日	七時七ふん

① たんしょう日が 早い 人から じゅんばんに かきましょう。
（ひさし）→（あき）→（ゆうか）→（なおと）→（すばる）

② 名まえの はじめが あいうえおの じゅんばんに なるように かきましょう。
（あき）→（すばる）→（なおと）→（ひさし）→（ゆうか）

③ おきた じかんが 早い 人から じゅんばんに かきましょう。
（すばる）→（ひさし）→（あき）→（ゆうか）→（なおと）

4頁

ふきのとう (1)

名前

よが あけました。
あさの ひかりを あびて、
竹やぶの 竹の はっぱが、
「さむかったね。」
㋐「うん、さむかったね。」
と ささやいて います。
雪が まだ すこし のこって、
あたりは しんと して います。
どこかで、㋐小さな 声が しました。
㋑「よいしょ、よいしょ。
おもたいな。」
竹やぶの そばの ふきのとうです。
雪の 下に あたまを 出して、
雪を どけようと、㋑ふんばって いる ところです。
㋒「よいしょ、よいしょ。
そとが 見たいな。」

（令和六年度版 光村図書 こくご 二上 たんぽぽ くどう なおこ）

● 上の 文しょうを 読んで こたえましょう。

(1) あさ・ひる・よる。いつの できごとですか。(13)
（あさ）

(2) あさの ひかりを あびているのは だれですか。(13)
（竹やぶの 竹の はっぱ）

(3) ㋐㋑㋒は だれが いった ことばですか。(10×3)
㋐（竹やぶの 竹の はっぱ）
㋑（ふきのとう）
㋒（ふきのとう）

(4) 竹やぶの ようす 二つに ○を つけましょう。(9×2)
（ ）あたたかい
（○）雪が すこし のこって いる。
（ ）雪が たくさん のこって いる。
（○）さむい

(5) 小さな 声 とは、だれの 声ですか。(13)
（ふきのとう）

(6) ふきのとうは なにを しようと ふんばって いるのですか。(13)
（雪を どけようと、ふんばって いる。）

5頁

ふきのとう (2)

名前

「ごめんね。」
と、雪が 言いました。
㋐「わたしも、早く とけて 水に なり、とおくへ 行って あそびたいけど。」
と、㋐上を 見上げます。
㋑「竹やぶの かげに なって、㋑お日さまが あたらない。」
と ㋒ざんねんそうです。
「すまない。」
と、竹やぶが 言いました。
㋒「わたしたちも、ゆれて おどりたい。
ゆれて おどれば、㋓雪に 日が あたる。」
と、上を 見上げます。
㋓「でも、はるかぜが まだ こない。
はるかぜが こないと、おどれない。」
と ㋔ざんねんそうです。

（令和六年度版 光村図書 こくご 二上 たんぽぽ くどう なおこ）

● 上の 文しょうを 読んで こたえましょう。

(1) ㋐㋑㋒㋓は だれが いった ことばですか。(10×4)
㋐（雪） ㋑（雪）
㋒（竹やぶ） ㋓（竹やぶ）

(2) ㋐上を 見上げたのは だれですか。(10)
（雪）

(3) ㋑お日さまが あたらないのは なぜですか。(10)
（竹やぶの かげに なるから）

(4) ㋒ざんねんそうなのは だれですか。(10)
（雪）

(5) ㋒の ことばの 中で だれが、どんなことを したら ㋓雪に 日が あたると 言って いますか。(10×2)
・だれが（竹やぶ）
・どんな ことを（ゆれて おどる）

(6) ㋔ざんねんそう とありますが、どんなことが ざんねんなのですか。(10)
（はるかぜが こなくて おどれないこと。）

6頁

ふきのとう (3)

名前

空の 上で、お日さまが わらいました。
「おや、はるかぜが ねぼうして いるな。
竹やぶも 雪も ふきのとうも、みんな こまって いるな。」
そこで、南を むいて 言いました。
「おうい、はるかぜ。
おきなさい。」
お日さまに おこされて、はるかぜは、大きな あくび。
それから、せのびして ㋐言いました。
「や、お日さま。や、㋑みんな。
おまちどお。」
はるかぜは、むね いっぱいに いきを すい、ふうっと ㋒いきを はきました。

（令和六年度版 光村図書 こくご 二上 たんぽぽ くどう なおこ）

● 上の 文しょうを 読んで こたえましょう。

(1) 空の 上で、わらったのは だれですか。(8)
（お日さま）

(2) ねぼうして いるのは だれですか。(8)
（はるかぜ）

(3) こまって いるのは だれですか。(8×3)
（竹やぶ）（雪）（ふきのとう）

(4) はるかぜは、なにを してから ㋐言いましたか。二つ かきましょう。(8×2)
（大きな あくび）（せのび）

(5) ㋑みんなとは だれの ことですか。(8×3)
（竹やぶ）（雪）（ふきのとう）

(6) はるかぜは どのように ㋒いきを はきましたか。（ ）に ことばを かきましょう。(10×2)
むね（いっぱい）いきを すい、（ふうっと）いきを はきました。

本書の解答は，あくまでもひとつの例です。児童に取り組ませる前に，必ず指導される方が問題を解いてください。指導される方の作られた解答をもとに，児童の多様な考えに寄り添って〇つけをお願いします。

7頁

ふきのとう (4)

名前

はるかぜに　ふかれて、
竹やぶが、
ゆれる
ゆれる、
おどる。
雪が、
とける
とける、
水に　なる。
ふきのとうが、
ふんばる、
せが　のびる。
ふかれて、
ゆれて、
とけて、
ふんばって、
――もっこり。
ふきのとうが、
㋐かおを　出しました。
「こんにちは。」
もう、
すっかり　はるです。

（令和六年度版　光村図書　こくご　二上　たんぽぽ　くどう　なおこ）

● 上の　文しょうを　読んで　こたえましょう。

(1) つぎの　ことばは、なんの　ようすを　あらわしますか。「竹やぶ・雪・ふきのとう」から　えらんで（　）に　かきましょう。 (9×6)

① 水になる （雪）
② ゆれる （竹やぶ）
③ せが　のびる （ふきのとう）
④ ふんばる （ふきのとう）
⑤ おどる （竹やぶ）
⑥ とける （雪）

(2) つぎの　上の　ことばと　あう　下の　ことばを、――せんで　むすびましょう。 (9×3)

① もっこり ― 竹やぶ
② ふかれて ― 雪
③ とけて ― ふきのとう

(3) ふきのとうは　どこから　㋐かおを　出しましたか。 (9)

（雪）の　下から。

(4) きせつは　すっかり　いつに　なりましたか。 (10)

（はる）

8頁

きせつの　ことば　１
春が　いっぱい (1)

名前

● 上の　絵を　見て　こたえましょう。

(1) 春に　かんけいの　ある　花や　草の　名まえを　[　]から　さがして　四つ　書きましょう。 (10×4)

（例）
（さくら）（なの花）
（たんぽぽ）（すみれ）
（つくし）
（れんげそう）

さくら・なの花・かき・トマト
たんぽぽ・すみれ・とうもろこし
いちょう・つくし・ひいらぎ
うめの花・れんげそう

(2) 春に　かんけいの　ある　生きものの　名まえを　[　]から　さがして　六つ　書きましょう。 (10×6)

（例）
（てんとう虫）（おたま
ひばり
じゃくし）（うぐいす）
（もんしろちょう）
（みつばち）（　）

てんとう虫・赤とんぼ・ひばり
おたまじゃくし・かぶと虫・うぐいす
もんしろちょう・すず虫・くわがた虫
みの虫・みつばち・ほたる

9頁

きせつの　ことば　１
春が　いっぱい (2)

名前

はなが　さいた
まど・みちお

㋐
はなが　さいた
はなが　さいた
はひふへ　ほほほ
はなが　さいて
みない　ひと　いない

㋑
はなが　さいた
はなが　さいた
ほへふひ　ははは
はなが　さいて
おこる　ひと　いない

（令和六年度版　光村図書　こくご　二上　たんぽぽ　まど・みちお）

● 上の　しを　読んで　こたえましょう。

(1) この　しの　だい名を　書きましょう。 (14)

（はなが　さいた）

(2) この　しを　かいた　人の　名まえを　書きましょう。 (14)

（まど・みちお）

(3) この　しの　中に、だい名と　おなじ　ことばは　なんかい　出て　きますか。 (10)

（四）かい

(4) この　しの　㋐と　㋑に、すべて　おなじ　ことばを　つかった　ぎょうが　三ぎょう　あります。（　）に　書き出しましょう。 (14×3)

（はなが　さいた）
（はなが　さいた）
（はなが　さいて）

(5) この　しの　㋐に　ある　ぎょうの　ことばを　さかさまに　すると　㋑に　ある　ぎょうの　ことばに　なる　ところが　あります。さがして　□に　ことばを　かきましょう。 (10×2)

㋐ はひふへ　ほ　ほほ
㋑ ほへふひ　は　はは

10頁

ともだちは　どこかな

名前

● 上の　絵を　見て　こたえましょう。

(1) おみせが　三げん　ならんでいます。おみせの　名まえを　書きましょう。

（アイスクリームや）
（おもちゃや）
（本や）

(2) つぎの　もんだいに　こたえましょう。

① わたしは、スカートを　はいて　ふうせんを　もっています。わたしは、おもちゃやに　います。
・わたしの　スカートを　赤いろに　ぬってください。

② わたしは、本やに　います。高い　ところに　ある　本を　おみせの人に　とってもらっています。
・わたしの　スカートを　きいろで　ぬってください。

(3) 上の　絵の　㋐の　子に　ついて　くわしく　せつめいしましょう。
（どんな　ふくそう　ですか。だれと　いっしょに　いますか。なにを　して　いますか。など）

（例）
（長そでの　シャツを　きて　います。長ズボンを　はいて　います。おかあさんと　いっしょに　います。アイスクリームやさんの　まえに　います。アイスクリームを　えらんで　います。）

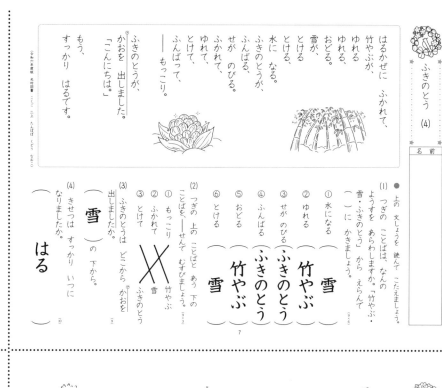

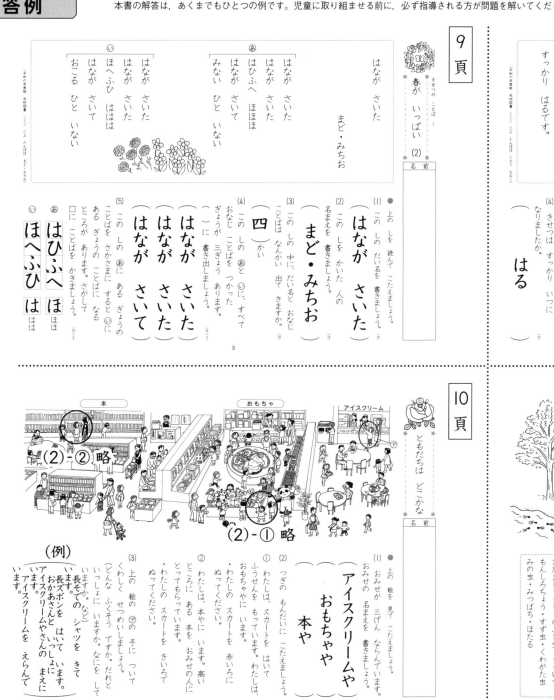

11頁

たんぽぽの ちえ (1)

名前

この ころに なると、㋐それまで たおれて いた 花の じくが、また おき上がります。そうして、せのびを するように、ぐんぐん のびて いきます。

なぜ、㋑こんな ことを するのでしょう。㋒ せいを 高く する ほうが、わた毛に 風が よく あたって、たねを とおくまで とばす ことが できるからです。

(令和六年度版 光村図書 こくご 二上 たんぽぽの ちえ うえむら としお)

● 上の 文しょうを 読んで こたえましょう。

(1) 花のじくは、それまで どうなって いましたか。(20)

（たおれて いた。）

(2) こんな こと とは、どんな ことですか。二つに ○を つけましょう。(20×2)

( ) 花の じくを もっと たおすこと。
(○) 花の じくが また おき上がること。
( ) おじぎを するように まがっていくこと。
(○) せのびを するように ぐんぐん のびて いくこと。

(3) ㋒に あてはまる ことばに ○を つけましょう。(20)

( ) つぎに
(○) それは
( ) しかし

(4) なぜ、こんな ことを するのですか。(20)

（せいを 高く する ほうが、わた毛に 風が よく あたって、たねを とおくまで とばす ことが できるから。）

12頁

たんぽぽの ちえ (2)

名前

よく 晴れて、風の ある 日には、わた毛の らっかさんは、いっぱいに ひらいて、とおくまで とんで いきます。

㋐［でも］、しめり気の 多い 日や、雨ふりの 日には、わた毛の らっかさんは、すぼんで しまいます。それは、わた毛が しめって、おもく なると、たねを とおくまで とばす ことが できないからです。

㋑［このように］、たんぽぽは、いろいろな ちえを はたらかせて います。そうして、あちらこちらに たねを ちらして、新しい なかまを ふやして いくのです。

(令和六年度版 光村図書 こくご 二上 たんぽぽの ちえ うえむら としお)

● 上の 文しょうを 読んで こたえましょう。

(1) 上の 文の ㋐□ ㋑□に あてはまる ことばを □から えらんで 文の ㋐□ ㋑□に 書き入れましょう。(10×2)

または　このように　でも

(2) わた毛の らっかさんが すぼんでいる ようすを あらわす 絵に ○を つけましょう。(8)

( ) (○)

(3) つぎの ①と②の日には、わた毛の らっかさんは どうなりますか。(24×2)

① よく 晴れて、風の ある 日。

（いっぱいに ひらいて とおくまで とんで いきます。）

② しめり気の 多い日や、雨ふりの 日。

（すぼんで しまいます。）

(4) たんぽぽは、なぜ、いろいろな ちえを はたらかせて、あちこちに たねを ちらすのですか。(24)

（新しい なかまを ふやして いくため。）

13頁

教科書 たんぽぽの ちえ (全文読解《ぜんぶんどっかい》) (3)

「たんぽぽの ちえ」を さいしょから さいごまで 読んで こたえましょう。

名前

(1) つぎの 文には たんぽぽの 花が さいてから わた毛が できるまでの ようすが 書いてあります。じゅんばんに なるように （ ）に 1から 5の すう字を 書きましょう。(20)

(3) 花の じくが じめんに たおれ、花は かれて 白い わた毛が できる。
(4) 花の じくが また おき上がり、せのびを する ように のびる。
(1) 黄色い 花が さく。
(2) 花は しぼんで 黒っぽい 色に なる。
(5) わた毛の らっかさんで たねを とおくまで とばす。

(2) つぎの たんぽぽの ちえには、どんな わけが ありますか。□から えらんで ㋐〜㋓の きごうを （ ）に 書きましょう。(20×4)

(㋓) 花の じくが ぐったりと じめんに たおれる。
(㋐) 花が かれたあと 白い わた毛が できる。わた毛の 一つ一つは、ひろがると、らっかさんのように なる。
(㋒) 花の じくが また おき上がり、せのびを する ように のびる。
(㋑) しめり気の 多い 日や、雨ふりの 日には、わた毛の らっかさんは、すぼんでしまう。

㋐ わた毛に ついて いる たねを、ふわふわと とばすため。
㋑ わた毛が しめって、おもく なると、たねを とおくまで とばす ことが できないから。
㋒ せいを 高く すると、わた毛に 風が よく あたり、たねを とおくまで とばす ことが できるから。
㋓ 花と じくを 休ませて たねに えいようを おくるため。

14頁

かんさつ名人に なろう

名前

1

㋐五月十七日（金）晴れ

㋑ミニトマトに黄色い花がさきました。

花は、㋒ほしみたいな形にひらいていて、花びらはどれもそりかえっています。㋓花びらをそっとさわってみたら、さらさらしていました。

2

六月七日（金）くもり

ミニトマトのみが大きくなってきました。

いちばん大きなみは、ビー玉ぐらいです。色は、㋐みどり色です。さわってみると、㋑つるつるしていました。みの先の方には、かれた花がついていることに気がつきました。かおを近づけたら、㋒赤いトマトと同じにおいがしました。

(令和六年度版 光村図書 こくご 二上 たんぽぽ「かんさつ名人に なろう」による)

● 上の 1の 文しょうを 読んで こたえましょう。

(1) つぎの ことが 書いて ある ところを、上の 文の ―線㋐〜㋓から えらんで （ ）に 書きましょう。(10×4)

① (㋒) かんさつ した ものの 形。
② (㋐) 日づけ、曜日、天気。
③ (㋓) どう やって かんさつ したのか。
④ (㋑) なにを かんさつ したか。

● 上の 2の 文しょうを 読んで こたえましょう。

(1) なにを かんさつ して いますか。(15)

（ミニトマト(のみ)）

(2) いちばん 大きな みは どの ぐらいの おおきさですか。(15)

（ビー玉ぐらい）

(3) 2の 文の ㋐㋑㋒は、どうやって かんさつ しましたか。□から えらんで （ ）に あいうを 書きましょう。(10×3)

㋐（あ） ㋑（う） ㋒（い）

あ 見て かんさつした。
い においを かいで かんさつした。
う さわって かんさつした。

本書の解答は，あくまでもひとつの例です。児童に取り組ませる前に，必ず指導される方が問題を解いてください。指導される方の作られた解答をもとに，児童の多様な考えに寄り添って○つけをお願いします。

15頁

いなばの 白うさぎ（全文読解《ぜんぶんどっかい》）

名前

教科書《きょうかしょ》

「いなばの 白うさぎ」を さいしょから さいごまで 読んで こたえましょう。

(1) いずもの 国《くに》には、何人の かみさまが いましたか。(10)

（八十人）

(2) かみさまの きょうだいの すえっ子の なまえを 書きましょう。(10)

（オオクニヌシ）

(3) 赤はだかの うさぎに にいさんたちは なにを すると よいと いいましたか。(10)

（海に 入って しお水を あびて つめたい 風に 当たると よい。）

(4) つぎの 文に あう 絵を 下の ㋐～㋕の 中から えらんで（ ）に 書きましょう。(10×6)

①（㋑）だまされたと しった わには、おこって うさぎに かみつき 毛《け》を むしりとった。

②（㋐）いたくて ないている うさぎに オオクニヌシが 「どうしたの かね」と やさしく きいた。

③（㋕）うさぎは、わにを だまして けたの みさきまで 行こうとした。

④（㋒）あまりの いたさに うさぎは ないていた。

⑤（㋓）うさぎは、オオクニヌシに おしえて もらったとおりに した。すると、元《もと》どおりの 白いうさぎに もどった。

⑥（㋔）兄さんたちは、赤はだかの うさぎを からかい しお水を あびさせて 風《かぜ》に あたらせた。

※わに…ここでは、サメのこと

(5) つぎの 絵が おはなしの じゅんに なるように、□に 1～6の ばんごうを 書きましょう。(10)

16頁

同じ ぶぶんを もつ かん字

名前

(1) ――線の 二つの かん字の 同じ ぶぶんを □に 書きましょう。(5×8)

① 海まで 汽車に のって 行く。

② 今から、会社に 行く。

③ 小刀で えだを 切る。

④ この 店内では、十円で ジュースが のめる。

⑤ この 村で 少し 休もう。

⑥ おり紙に 線をひく。

⑦ 空と いう かん字を ならう。

⑧ きょうは、よく晴れて 青い 空が ひろがっている。

氵 人 刀 冂 木 糸 宀 青

(2) つぎの ぶぶんを もつ かん字を、□から えらんで 書きましょう。(5×6)

曜 話 音 読 春 記

① 言…話 読 記

② 日…曜 音 春

(3) つぎの かん字は 同じ ぶぶんを もっています。□に 同じ ぶぶんを 書きましょう。(10×3)

① 花 草

② 絵 線

③ 細 男

17頁

スイミー (1)

名前

教科書《きょうかしょ》

「広い 海の どこかに、…」〜「…とても かなしかった。」までの 文しょうを 読んで こたえましょう。

(1) 小さな 魚の きょうだいたちに ついて こたえましょう。

① どこに くらして いましたか。(8)

（広い海）の どこか。

② どのように くらして いましたか。(8)

（たのしく）くらして いた。

③ みんな どんな 色を して いましたか。(8)

（赤い）

④ スイミーは どんな 色を して いましたか。(8×2)

（からす貝）よりも （まっ黒）

⑤ およぐのが だれよりも はやかったのは だれですか。(6)

スイミー

(2) ある日 おそろしい まぐろは どのように つっこんで きましたか。（ ）に あてはまる ことばを かきましょう。(8×3)

（おなか）を すかせて、すごい （はやさ）で（ミサイル）みたいに つっこんで きた。

(3) 『まぐろは、小さな 赤い 魚たちを 一ぴき のこらず のみこんだ。』と ありますが、あてはまる ものに ○を つけましょう。(6)

（ ）スイミーも 赤い 魚も ぜんぶ のみこんだ。

（○）小さな 赤い 魚を ぜんぶ のみこんだ。

(4) くらい 海の そこを およぐ スイミーの 気もちを 三つ 書きましょう。(8×3)

・（こわかった。）

・（さびしかった。）

・とても（かなしかった。）

18頁

スイミー (2)

名前

教科書《きょうかしょ》

「けれど、海には、すばらしい ものが…」〜「…やしの 木みたいな いそぎんちゃく。」までの 文しょうを 読んで こたえましょう。

(1) おもしろい ものを 見る たびに、スイミーは どうなりましたか。(14)

（だんだん 元気を とりもどした。）

(2) つぎの ことばは、どの 生きものを あらわしていますか。□から えらび、㋐㋑㋒で こたえましょう。(10×3)

① 水中ブルドーザー（㋑）

② 見えない 糸で ひっぱられて いる（㋒）

③ にじ色の ゼリー（㋐）

㋐ くらげ ㋑ いせえび ㋒ 魚たち

(3) こんぶや わかめの 林は どこから 生えて いますか。(12)

（ドロップみたいな 岩）

(4) うなぎは、どんなふうに 長いですか。(14)

（かおを 見る ころには、しっぽを わすれて いるほど 長い。）

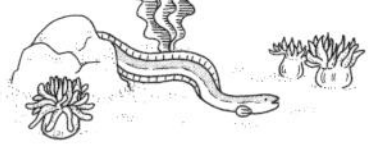

(5) いそぎんちゃくは どのように あらわされていますか。（ ）に あてはまる ことばを 書きましょう。(10×3)

（風）に ゆれる

（もも）色の（やし）の木 みたい

解答例

19頁

スイミー (3)

教科書《きょうかしょ》

〔その とき、岩かげに… 〜 …大きな 魚を おい出した。〕までの 文しょうを 読んで こたえましょう。

名前

(1) その とき、スイミーは 岩かげに なにを 見つけましたか。(15)

（スイミーのと そっくりの、小さな 魚の きょうだいたち）

(2) 魚の きょうだいたちに 「出て こいよ。」と 言ったのは だれですか。(15)

（スイミー）

(3) (2)の とき 小さな 魚たちは なんと こたえましたか。○を つけましょう。(10)

（ ）なんとか 考えなくちゃ。

（ ）おもしろい ものが いっぱいだよ。

（○）だめだよ。大きな 魚に 食べられて しまうよ。

(4) スイミーが 考えた ようすが わかる 文を 三つ さがして、（ ）に あてはまる ことばを 書きましょう。(10×3)

（スイミー）は 考えた。

（いろいろ）考えた。

（うんと）考えた。

(5) スイミーは とつぜん なんと さけびましたか。（ ）に あてはまる ことばを 書きましょう。(10×3)

「そうだ。みんな （いっしょに）およぐんだ。

（海）で いちばん （大きな）魚の ふりを して。」

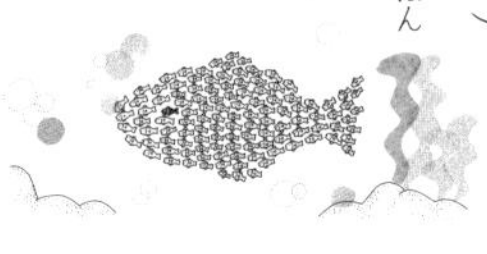

20頁

スイミー （全文読解《ぜんぶんどっかい》） (4)

教科書《きょうかしょ》

「スイミー」を さいしょから さいごまで 読んで こたえましょう。

名前

(1) つぎの 文が おはなしの じゅんばんに なるように （ ）に 1から6の すう字を 書きましょう。(10)

（3）海に ある おもしろい ものを 見る たびに、スイミーは、元気を とりもどした。

（6）大きな 魚を おい出した。

（5）みんなは、一ぴきの 大きな 魚みたいに およげるように なった。

（2）おなかを すかせた まぐろが、小さな 赤い 魚たちを、一ぴき のこらず のみこんだ。

（4）スイミーは、岩かげに、小さな 魚の きょうだいたちを 見つけた。

（1）広い 海の どこかに、小さな 魚の きょうだいたちが、たのしく くらしていた。

(2) 大きな 魚の ふりを して およぐために、スイミーが みんなに 教えた ことを 二つ 書きましょう。(20×2)

（けっして、はなれ ばなれに ならないこと。）

（みんな、もちばを まもること。）

(3) みんなが 一ぴきの 大きな 魚 みたいに およげるように なったとき、スイミーは なんと 言いましたか。(20)

（ぼくが、目に なろう。）

(4) みんなが 大きな 魚の ふりを して およいでいる ときの ようすを 書きましょう。(10×2)

あさの （つめたい）水の 中を、

ひるの （かがやく）光の 中を、

みんなは およいだ。

(5) みんなは いっしょに およいで さいごに どうしましたか。あてはまる もの 一つに ○を つけましょう。(10)

（ ）大きな 魚から にげだした。

（○）大きな 魚を おい出した。

（ ）大きな 魚に のみこまれた。

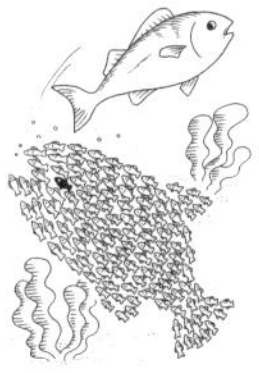

21頁

丸、点、かぎ

名前

(1) 丸、点、かぎの つかい方を、——線で つなぎましょう。(4×3)

① 丸（。） — 文の おわりに つける。

② 点（、） — 文の 中の 切れ目に つける。

③ かぎ（「 」） — 人の 話した ことば（会話）に つける。

(2) つぎの 文しょうが 正しい 書きかたに なるように、□に 丸（。）を 四つ、点（、）三つ、かぎ（「」）を 二かしょに つけましょう。(4×11)

ともだちとこうえんに行きました。すべりだいと、ぶらんこであそびました。かえりにともだちが、「また行こうね。」と言いました。だからぼくも、「また行こう。」と言いました。

(3) つぎの絵を見て 文のいみが 正しくわかるように 点（、）を 一つ つけて 文を 書きましょう。(11×4)

① 「むこうにはたけがある。」

↓ むこうには、たけがある。

↓ むこうに、はたけがある。

② 「ここではきものをぬぐ。」

↓ ここで、はきものをぬぐ。

↓ ここでは、きものをぬぐ。

22頁

きせつの ことば 2

夏がいっぱい (1)

名前

● 上の 絵を 見て こたえましょう。

(1) 夏に かんけいの ある 花や やさいや くだものの 名まえを □から さがして 六つ 書きましょう。(10×6)

もみじ・たんぽぽ・きゅうり・すいか
とうもろこし・なす・コスモス
あさがお・つばき・ひいらぎ
ひまわり・れんげそう

（例）

（きゅうり）（すいか）

（とうもろこし）（なす）

（あさがお）（ひまわり）

(2) 夏に かんけいの ある 生きものの 名まえを □から さがして 四つ 書きましょう。(10×4)

てんとう虫・はくちょう
おたまじゃくし・かぶと虫・せみ
すず虫・こおろぎ・くわがた虫
まがも・ほたる・みつばち

（例）

（かぶと虫）（せみ）

（くわがた虫）（ほたる）

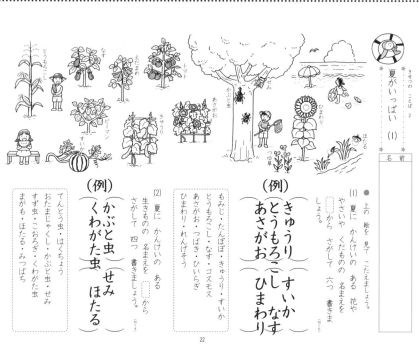

解答例

本書の解答は，あくまでもひとつの例です。児童に取り組ませる前に，必ず指導される方が問題を解いてください。指導される方の作られた解答をもとに，児童の多様な考えに寄り添って〇つけをお願いします。

23頁

きせつの ことば 2

夏がいっぱい (2)

名前

みんみん

たにかわ しゅんたろう

みんみん なくのは せみ
そうっと ちかづく あみ
はやしの むこうに うみ
きらきら かがやく なみ

よびごえ きこえる みみ
いちばん なかよし きみ
とこやに いったね かみ
まっかに みのった ぐみ

※ぐみ…のや 山に 生える ひくい 木。赤い みは 食べられる。

（令和六年度版 光村図書 こくご 二上 たんぽぽ たにかわ しゅんたろう）

● 上の しを 読んで こたえましょう。

(1) この しの 中に 出て くる 「み」で おわる 二字の ことばを 八つ 書きましょう。（7×8）

せみ　あみ　うみ　なみ　みみ　きみ　かみ　ぐみ

(2) つぎの 文に あう ことばを （ ）に 書きましょう。（7×4）

① いちばん なかよし （きみ）
② そうっと ちかづく （あみ）
③ きらきら かがやく （なみ）
④ みんみん なくのは （せみ）

(3) かみの いみを あらわす 文に 〇を つけましょう。（7）

（ ）字を かいたり ものを つつむ ときに つかう もの。
（ ）人げんが もつ ことの できない 力を もち 人を みまもって いると しんじられて いる もの
（〇）かみの毛の こと

(4) この しには、なぜ 「みんみん」と いう だい名が つけられたと 思いますか。あなたの かんがえを 書きましょう。（9）

（・さいしょの ぎょうに みんみんと 書いて あるから。
・夏の しだから。
・さいごが すべて「み」で おわっているから。）

24頁

ミリーの すてきな ぼうし (1)

名前

教科書《きょうかしょ》

〔ミリーは、さんぽのとちゅう、…〜…そう、クジャクのぼうし。」〕までの 文しょうを 読んで こたえましょう。

(1) ミリーは、さんぽのとちゅう、なにやさんの前を通りましたか。（10）

（ぼうしやさん）

(2) ミリーは、たくさんのぼうしの なかでも、どんな ぼうしが気に入りましたか。（10）

（色とりどりの羽の ついたぼうし）

(3) 「じゃあ、これください。」と ミリーが言うと、店長さんは、なんと こたえましたか。（10）

（かしこまりました。）

(4) 羽のついたぼうしの ねだんは、いくらですか。（10）

（九万九千九百九十九円）

(5) ミリーは、おさいふを とり出して、中を見たあと、なんと 言いましたか。（10）

あの、（もうすこしやすいの） ありますか。

(6) ミリーは、おさいふをひらいて、見せました。とありますが、中は、どうなっていましたか。（5）

中は（空っぽ）です。

(7) 店長さんは、とつぜん、大きな声で 何と言いましたか。（10）

「（ちょうどよいのが、一つありました。） しょうしょうおまちください。」

(8) 「これは、とくべつなぼうしです。」と、店長さんは言っていますが、どんなぼうしですか。（5×5）

大きさも（形）も（色）も、じゆうじざい。（おきゃくさま）の（そうぞう）しだいでどんなぼうしにもなる、（すばらしい）ぼうし。

(9) ミリーは、「じゃあ、これにしますわ。」と言うと、おさいふのなかみを、どうしましたか。（5×2）

ぜんぶ（手に）とり、（店長さん）に わたしました。

25頁

ミリーの すてきな ぼうし (2)

名前

ケーキやさんの前を通ったら、おいしそうなケーキが いっぱいならんでいました。ミリーは、そうぞうしました。すると、ぼうしは、ケーキのぼうしになりました。

花やさんを通りすぎたとき、ミリーのぼうしは、花でいっぱいのぼうしになりました。

公園では、ふんすいのぼうしです。

そのときです。ミリーは、気がつきました。ぼうしをかぶっているのは、じぶんだけじゃないんだと。みんな、ぼうしをもっていたのです。そのどれもが、それぞれちがったぼうしでした。

むこうから、おばあさんがやって来ました。おばあさんのぼうしは、くらくてさびしい水たまりでした。ミリーがおばあさんにほほえみかけると、ミリーのぼうしの中から 鳥や魚がとび出して、おばあさんのぼうしにとびうつりました。

ミリーはうれしくなって、歌を歌いました。すると、ぼうしもいっしょに歌いました。

（令和六年度版 光村図書 こくご 二上 たんぽぽ きたむら さとし）

● 上の 文しょうを 読んで こたえましょう。

(1) ㋐ケーキのぼうしになったのは、ミリーが何をしたからですか。（20）

（ミリーが ケーキを そうぞうしたから）

(2) つぎの とき、ミリーの ぼうしは どんな ぼうしに なりましたか。

① 花やさんを通りすぎたとき（10）

（花でいっぱいのぼうし）

② 公園にきたとき（10）

（ふんすいのぼうし）

(3) ミリーは、どんなことに ㋑気が つきましたか。（ ）に ことばを 書きましょう。（10×2）

（ぼうし）をかぶっているのは、（じぶんだけじゃない）んだと。

(4) ミリーがおばあさんにほほえみかけると、どうなりましたか。（10×3）

（ミリーのぼうし）の中から（鳥や魚）がとび出して、（おばあさんのぼうし）に とびうつりました。

(5) ミリーはうれしくなって、なにを しましたか。（10）

（歌を歌いました。）

26頁

ミリーの すてきな ぼうし (3)

名前

そうしてミリーは、家にもどりました。でも、㋐ぼうしが大きくなりすぎて、中に入れません。ミリーは、ちがったぼうしをそうぞうしてみました。

ミリーは、家に入ると 言いました。

㋐「ママ、わたしの新しいぼうし、見て。きれいでしょ。」

ママは、㋑ちょっとびっくりしています。だって、ぼうしなんかどこにも――。でも、ママは、こう こたえることにしました。

㋒「まあ、すてきね。ママも、そんなぼうし、ほしいな。」

㋓「ママだってもってるのよ、ほんとうは。そうぞうすればいいの。」

と、ミリー。

そうです。㋒だれだってもっているのです。じぶんだけの すてきなぼうしを。

（令和六年度版 光村図書 こくご 二上 たんぽぽ きたむら さとし）

● 上の 文しょうを 読んで こたえましょう。

(1) ㋐ぼうしが大きくなりすぎて、中に入れません。とありますが、ミリーは、どうやって中に入りましたか。文中から書き出しましょう。（20）

（ちがったぼうしを そうぞうして みました。）

(2) ㋐㋑㋒㋓は、ミリーとママのどちらが言った ことばですか。（ ）に書きましょう。（10×4）

㋐（ミリー）　㋑（ママ）　㋒（ママ）　㋓（ミリー）

(3) ママは、なぜ ㋑ちょっとびっくり しているのですか。あてはまるもの 一つに〇をつけましょう。（10）

（ ）ミリーが 新しいぼうしを かぶっていたから。
（〇）ぼうしなんかどこにもないのに、ミリーが 「新しいぼうし、見て。」と言ったから。
（ ）ミリーのぼうしが大きくなりすぎて、中に入れなかったから。

(4) ㋒だれだってもっているのです。とありますが、なにをもっているのですか。（20）

（じぶんだけの すてきなぼうし）

(5) ㋒のことばを言ったママを、あなたはどんなママだと思いますか。（10）

（例）（子どものきもちの わかるやさしいママ）

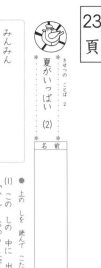

27頁

雨のうた

名前

雨のうた　つるみ　まさお

あめは　ひとりじゃ　うたえない、
きっと　だれかと　いっしょだよ。
やねと　いっしょに　やねのうた
つちと　いっしょに　つちのうた
かわと　いっしょに　かわのうた
はなと　いっしょに　はなのうた。

あめは　だれとも　なかよしで、
どんな　うたでも　しってるよ。
やねで　とんとん　やねのうた
つちで　ぴちぴち　つちのうた
かわで　つんつん　かわのうた
はなで　しとしと　はなのうた。

（令和六年度版　光村図書　こくご　二上　たんぽぽ　つるみ　まさお）

● 上の　しを　読んで　こたえましょう。

(1) ひとりじゃ　うたえないのは　だれですか。(10)

（あめ）

(2) だれと　どんな　うたを　うたいますか。(10×4)

① （やね）と　いっしょに　（やねのうた）

② （かわ）と　いっしょに　（かわのうた）

(3) あめは　つぎの　ばしょで　どんな　うたを　うたいますか。(10×4)

① つちで　（ぴちぴち）　（つちのうた）

② はなで　（しとしと）　（はなのうた）

(4) あなたは、どこで　どんな　うたを　うたいたいですか。かいてみましょう。(10)

（例）（そら）で（きらきら）（そら）のうた

27

28頁

書いたら、見直そう

名前

(1) 「は」「を」「へ」に　気をつけて、①の　文の、まちがえている　ことばの　よこに　――を　ひきましょう。②に、文を　正しく　書き直しましょう。

①
おじいちゃんえ
　ぼくわ、この前、お父さんに教えてもらって、木のいすおつくりました。

⇦

②
おじいちゃんへ
　ぼくは、この前、お父さんに教えてもらって、木のいすをつくりました。

(2) 丸（。）点（、）かぎ（「」）に　気をつけて、つぎの文を、書き直しましょう。

お父さんがじょうずにできたね
と言ってくれました

⇦

お父さんが、

「じょうずにできたね。」

と、言ってくれました。

(3) つぎの　文しょうを　直して　みましょう。
・まちがえている　ことばを直す。
・丸（。）、点（、）、かぎ（「」）に、気をつける。

おじいちゃんえ
　お元気ですか。ぼくわ、この前、お父さんに教えてもらって、木のいすおつくりました。
　お父さんがじょうずにできたね
と言ってくれました
　つぎはつくえおつくりたいです
　おじいちゃんはさいきんどんなことをしていますか　また教えてください。

⇦

（例）

おじいちゃんへ
　お元気ですか。ぼくは、この前、お父さんに教えてもらって、木のいすをつくりました。

　お父さんが、

「じょうずにできたね。」

と、言ってくれました。

　つぎは、つくえをつくりたいです。

　おじいちゃんは、さいきん、どんなことをしていますか。また、教えてください。

28

29頁

どうぶつ園の　じゅうい (1)

名前

教科書《きょうかしょ》

（「わたしは、どうぶつ園ではたらいている…」～「…声もおぼえてもらうように　しています。」までの文しょうを読んで　こたえましょう。）

(1) 教科書に書いてある、「わたし」の　しごとについて、（　）に　あてはまる　ことばを　書きましょう。(10×6)

① わたしの　しごとは　どうぶつたちが　（元気にくらせるように）　することです。

② どうぶつが　（びょうき）や　（けが）を　したときには、（ちりょう）を　します。

③ 朝、どんな　しごとから　はじまりますか。
（どうぶつ園）の中を　（見回る）ことから　はじまります。

(2) どうぶつ園の中を見回る　大切な　りゆうは　なんですか。二つえらんで　○をつけましょう。(5×2)

（○）元気なときの　どうぶつの　ようすを　見ておくため。

（　）えさのじかんを　まちがえて　いないか　たしかめるため。

（○）ふだんから　顔を見せて、なれてもらうため。

(3) 元気なときの　どうぶつのようすを　見ておくのは　なぜですか。(10)

（びょう気になったとき、すぐに気づくことができるから。）

(4) なぜ、どうぶつたちに　顔をおぼえて　もらうことが　大切なのですか。一つに　○を　つけましょう。(10)

（　）どうぶつたちが、じゅういと　しいくいんを　まちがえない　ように　するため。

（　）あそんでもらえるように　するため。

（○）どうぶつたちは、よく知らない　人には、いたいところや　つらいところをかくすため。

(5) わたしは　毎日、なんと言いながら　家の中へ入りますか。(10)

（おはよう。）

29

30頁

どうぶつ園の　じゅうい (2)

名前

　見回りがおわるころ、しいくいんさんによばれました。いのししのおなかに　赤ちゃんがいるかどうか、みてほしいというのです。おなかの中のようすをさぐるためには、きかいを　おなかに当てなければなりません。いのししがこわがらないように、しいくいんさんがえさを食べさせ、その間に、そっと当ててみました。

　まちがいありません。おなかの中に、赤ちゃんがいました。

　お昼前に、どうぶつ園の中にある　びょういんにもどりました。すると、けがをしたにほんざるが　くすりをのまないと、しいくいんさんがこまっていました。にほんざるは、にがいあじが大きらいです。えさの中に　くすりを入れて　のませようとしても、すぐに気づかれました。くすりをこなにして、半分に切ったバナナに　はさんでわたしました。すると、食べてしまいました。こなをはちみつにまぜたのところだけをよけて、食べてしまいました。こなをはちみつにまぜたら、やっと、いっしょにのみこんでくれました。

（令和六年度版　光村図書　こくご　二上　たんぽぽ　うえだ　みや）

● 上の　文しょうを　読んで　こたえましょう。

(1) つぎの文しょうは、じゅういさんについて、書いてあります。おはなしの　じゅんばんになるように、（　）に　1から4のすう字を書きましょう。(20)

（3）どうぶつ園の中にある　びょういんにもどった。
（1）見回りがおわるころ、しいくいんさんによばれた。
（4）にほんざるにくすりを　のませようとした。
（2）きかいをいのししのおなかに　そっと当ててみた。

(2) なにについて、まちがいありません　と、いっていますか。(20)

（いのししの　おなかの中に　赤ちゃんがいること。）

(3) にほんざるに、じゅういさんがくすりをのませました。うまくいかなかったやりかたを二つ、うまくいったやりかたを一つ　書きましょう。(20×3)

● うまくいかなかった
（えさの中にくすりを入れてのませた。）

● うまくいかなかった
（くすりを　こなにして、半分に切ったバナナにはさんでわたした。）

○ うまくいった
（（くすりの）こなをはちみつにまぜた。）

30

本書の解答は，あくまでもひとつの例です。児童に取り組ませる前に，必ず指導される方が問題を解いてください。指導される方の作られた解答をもとに，児童の多様な考えに寄り添って○つけをお願いします。

31 頁

どうぶつ園の じゅうい (3)

名前

このワラビーは、はがぬけかわるときに ばいきんが入って、はぐきがはれてしまいました。はぐきのちりょうは とてもいたいので、あばれることがあります。三人のしいくいんさんにおさえてもらって、ちりょうをしました。

夕方、しいくいんさんから電話がかかってきました。ペンギンが、ボールペンを のみこんでしまったというのです。ペンギンは、水中で魚をつかまえて、丸ごとのむので、えさとまちがえたのでしょう。いのちにかかわる たいへんなことです。大いそぎでびょういんにはこびました。そして、そっとボールペンをとり出しました。早めに手当てができたので、ペンギンは、あすには元気になるでしょう。ひとあんしんです。

（令和六年度版 光村図書 こくご 二上 たんぽぽ うえだ みや）

● 上の 文しょうを 読んで こたえましょう。

(1) ワラビーについて こたえましょう。

① はぐきがはれたのは、なぜですか。(14)

（はがぬけかわるときに ばいきんが入ったから。）

② なぜ、あばれることがあるのですか。(14)

（はぐきのちりょうが とてもいたいから。）

③ どうやって、ちりょうしましたか。(15)

（三人のしいくいんさんに おさえてもらって、ちりょうをしました。）

(2) ペンギンについて こたえましょう。

① 夕方、しいくいんさんから電話がかかってきたのは なぜですか。(14)

（ペンギンが、ボールペンを のみこんでしまったから。）

② えさとまちがえたものは、なんですか。(14)

（ボールペン）

③ 大いそぎでびょういんにはこんだのは、なぜですか。(15)

（いのちにかかわる たいへんなことだから。）

④ なぜ、ひとあんしんなのですか。(14)

（早めに手当てができたので。）

32 頁

なかまのことばと かん字

名前

(1) なかまのことばを □ からえらんで、（ ）に書きましょう。(3×10)

① （母）…（姉）… 妹

② （春）… 夏 …（冬）

③ 白 …（黄）… 茶

④ （大）… 中 …（小）

⑤ 一円 …（十円）… 一万円

⑥ （朝）… 昼 …（夜）

黄 春 十円 朝 母
姉 大 冬 小 夜

(2) 【 】の中から、なかまでない ことばを一つえらんで、○でかこみましょう。(3×5)

① 【晴れ くもり (青) 雨】

② 【午前 (生活) 午後 正午】

③ 【算数 図工 体育 (十円)】

④ 【(妹) 森 林 木】

⑤ 【父 兄 弟 (黒)】

(3) つぎのなかまのことばを □ からえらんで、（ ）にかん字になおして書きましょう。えらんで、（ ）に書きましょう。(4×10)

① 家の人 …（父）（母）

② お金 …（千円）（百円）

③ 色 …（青）（赤）

④ 天気 …（雪）（雨）

⑤ 教科 …（国語）（音楽）

ちち せんえん ゆき
はは あお こくご あめ
あか ひゃくえん おんがく

(4) なかまのことばを線でむすびましょう。(3×5)

① 食べもの ② きせつ ③ よう日 ④ からだ ⑤ 生きもの

火曜 土曜 / 肉 パン / 秋 冬 / ねこ 犬 / 手 足 頭

33 頁

かたかなの ひろば

名前

● 絵の中の ことばをつかって 文を つくりましょう。

①

例 ねずみが ボールを なげた。

略

(10×3)

②

例 マットの 上に ぶたが いる。

略

(10×4)

③

例 プールで くまが およいでいる。

略

(10×3)

34 頁

お手紙 (1)

名前

教科書《きょうかしょ》

〔がまくんは、げんかんの前に… ～ …こしを下ろしていました。〕までの 文しょうを 読んで こたえましょう。

(1) だれのところへ、だれが来たときのお話ですか。（ ）に書きましょう。(8×2)

げんかんの前に すわっている（がまくん）のところへ（かえるくん）がやって来たときのこと。

(2) がまくんの一日のうちの かなしい時は、どんな時間ですか。(10)

（お手紙をまつ時間）

(3) がまくんが、とても ふしあわせな気もちに なるのは、なぜですか。(10)

（お手紙をもらったことがないから。）

(4) 「いちどもかい。」について、こたえましょう。

① だれが言ったことばですか。(10)

（かえるくん）

② どんな気もちで言ったでしょうか。あてはまる方に○をつけましょう。(8)

（ ）いちども手紙をもらったことがないのは、うそだと思っている。

（○）いちども手紙をもらったことがないことに、おどろいている。

(5) 「お手紙を まっているときがかなしいのは、そのためなのさ。」について、こたえましょう。

① だれが言った ことばですか。(10)

（がまくん）

② お手紙を まっているときがかなしいのは、なぜですか。あてはまるものすべてに○をつけましょう。(10)

（ ）あそびに行きたいのに、お手紙がくるのを、じっとまっていないといけないから。

（○）がまくんは、だれからも お手紙をもらったことが ないから。

（ ）がまくんは、お手紙を いちどしかもらったことが ないから。

（○）がまくんの ゆうびんうけが、いつも 空っぽだから。

(6) ふたりとも、かなしい気分で、げんかんの前に、こしを おろしていましたに ついて、こたえましょう。(8×2)

① ふたりとは、だれと、だれですか。

（がまくん）と（かえるくん）

② ふたりとも、かなしい気分で、と、ありますが、なぜ、かえるくんもかなしいのですか。(10)

（例）
（ともだちの がまくんが かなしそうなので、かえるくんも、かなしくなった。）

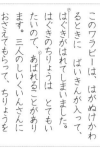

35頁

教科書《きょうかしょ》

お手紙 (2)

名前

〔するど、かえるくんが言いました。…〕〜〔…かえるくんは、がまくんの家へもどりました。〕までの　文しょうを　読んで　こたえましょう。

(1) かえるくんは、なんと言って家へ帰りましたか。

しなくちゃいけないこと　があるんだ。 (10)

(2) かえるくんは、どんなようすで家へ帰りましたか。

(　)のんびりと
(○)大いそぎで
(　)のそのそと (10)

(3) かえるくんは、家で　何を　見つけましたか。二つ書きましょう。

(えんぴつ)(紙) (10)

(4) かえるくんは、何か書いたあと、紙をどこに入れましたか。

(ふうとう) (10)

(5) かえるくんは、ふうとうに何と書きましたか。

(がまがえるくんへ) (10)

(6) かえるくんは、どんな気もちで家からとび出したと思いますか。

(はやく、がまくんにお手紙をとどけたいという気もち。) (10)

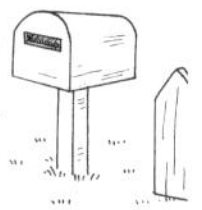

(7) かえるくんは、家からとび出したあと、だれに会いましたか。

(かたつむりくん) (10)

(8) かえるくんは、かたつむりくんにどんなことを　たのみましたか。

(お手紙をがまくんの家へもっていって、ゆうびんうけに入れること。) (10)

(9) 「まかせてくれよ」「すぐやるぜ」と言った　かたつむりくんの　気もちにちかいと　思うほうに、○を　つけましょう。

(　)できるかどうか、わからなくてしんぱいだけど、やってみよう。
(○)ぜったいできる。がんばろう。 (10)

(10) かえるくんは、どこにもどりましたか。

(がまくんの家) (10)

36頁

教科書《きょうかしょ》

お手紙 (3)

名前

〔がまくんは、ベッドで　お昼ねを…〕〜〔…お手紙をくれる人なんて、いるとは思えないよ。〕までの　文しょうを　読んで　こたえましょう。

(1) かえるくんが、がまくんの　家へもどったとき、がまくんは　何をしていましたか。

(ベッドで)お昼ね (10)

(2) かえるくんは、がまくんに　何と言いましたか。(　)にあてはまることばを書きましょう。 (10×3)

「きみ、(おきて)さ、(お手紙)が(来る)のを、もうちょっと　まってみたらいいと思うな。」

(3) 「いやだよ。」はだれが、だれに言ったことばですか。 (10×2)

だれが (がまくん)　だれに (かえるくん)

(4) 「いやだよ。」と言っているときのがまくんの気もちをあらわすことばを考えて、□にあうことばを書きましょう。 (10)

あきあき したよ。

(5) かえるくんは、まどから　ゆうびんうけを見ましたと　ありますが、なぜ、ゆうびんうけを見たのですか。

(かたつむりくんが、お手紙を　とどけてくれたかをたしかめるため。) (10)

(6) 「そんなこと、あるものかい。」について、こたえましょう。

① だれが、言った　ことばですか。

(がまくん) (10)

② そんなこと、とは　どんなことですか。

(だれかが、がまくんにお手紙を　くれるかもしれないこと。) (10)

37頁

教科書《きょうかしょ》

お手紙 (4)

名前

〔ぼくに　お手紙をくれる人なんて、いるとは思えないよ。〕〜〔…「きっと来るよ。」かえるくんが言いました。〕までの　文しょうを　読んで　こたえましょう。

(1) かえるくんは、まどから　のぞいて　何を　見て　いるのですか。 (8×2)

(かたつむりくん)が、お手紙を(ゆうびんうけ)に入れに来たかどうか。

(2) 「ばからしいこと、言うなよ。」はだれが、だれに言ったことばですか。 (8×2)

だれが (がまくん)　だれに (かえるくん)

(3) がまくんは、なぜ「ばからしいこと、言うなよ。」と、言ったのですか。(　)にあてはまることばを　書きましょう。 (8×4)

(今まで)だれも(お手紙)を(くれなかった)ので、(きょうも同じ)だと思っているから。

(4) 「だって、今、ぼく、お手紙をまっているんだもの。」とありますが、かえるくんは、だれが、だれに　出したお手紙を　まっているのですか。 (8×2)

だれが (かえるくん)　だれに (がまくん)

(5) 「でも、来《き》やしないよ。」と言ったがまくんの　気もちを考えて　書きましょう。 (10)

(例)(今まで　だれもお手紙を　くれなかったので、きょうもだれも　くれないよ。)

(6) 「きっと来るよ。」と言ったかえるくんの　気もちを　考えて書きましょう。 (10)

(例)(ぼくが　がまくんに出した　お手紙だからぜったいに　来るよ。)

38頁

教科書《きょうかしょ》

お手紙 (5)

名前

〔「だって、ぼくが、きみに　お手紙出したんだもの。」…〕〜〔…がまくんは、とてもよろこびました。〕までの　文しょうを　読んで　こたえましょう。

(1) 「だって、ぼくが、きみに　お手紙出したんだもの。」とありますが、ぼくは　だれで、きみは　だれのことですか。 (7×2)

ぼく (かえるくん)　きみ (がまくん)

(2) 「きみが。」と言った　がまくんの気もちを　考えて　書きましょう。 (10)

(例)(かえるくんがお手紙を書いてくれたなんて。びっくりしたけど、うれしいな。)

(3) かえるくんが出した　お手紙には、なんと書いてありますか。 (7×4)

『親愛《あい》なる(がまがえる)くん。ぼくは、きみが　ぼくの(親友)である　ことを、(うれしく)思っています。きみの親友、(かえる)』。

(4) つぎの　――の　ことばの　いみにあてはまるほうに　○を　つけましょう。

① 親愛なる　おじいさま。 (7)

(○)やさしくて、大すきな。
(　)よくおこられるので、こわい。

② ともこさんは、わたしの親友だ。 (7)

(　)学校で、ときどきはなす友だち。
(○)とてもなかがいい友だち。

(5) 「ああ。」と　言ったときの　がまくんの気もちを　考えて書きましょう。 (10)

(例)(かえるくん。ありがとう。ぼくは、とてもうれしいよ。)

(6) かたつむりくんは、だれからのお手紙を　だれにわたしましたか。 (7×2)

だれから (かえるくん)　だれに (がまくん)

(7) お手紙をもらった　がまくんは、どんなようすでしたか。 (10)

(とても、よろこびました。)

解答例

本書の解答は，あくまでもひとつの例です。児童に取り組ませる前に，必ず指導される方が問題を解いてください。指導される方の作られた解答をもとに，児童の多様な考えに寄り添って○つけをお願いします。

39頁

主《しゅ》語と述《じゅつ》語に気をつけよう (1)

名前

(1) ㋐と㋑に あてはまることばを、「主語」か「述語」から えらんで 書きましょう。(5×2)

㋐（ **主語** ）
だれが（は）
何が（は）

㋑（ **述語** ）
どうする
どんなだ
何が

(2) つぎの文の 主語に ―線を、述語に 〜線を ひきましょう。(6×10)

[れい] かえるが はねる。

① 赤ちゃんが なく。
② 犬が 走る。
③ 月が のぼる。
④ 雨が ふる。
⑤ 星が 光る。
⑥ ペンギンは 鳥だ。
⑦ 空が 青い。
⑧ 雪は つめたい。
⑨ 兄は 中学生だ。
⑩ あしたは 日曜日だ。

(3) つぎの文の 主語に ―線を、述語に 〜線を ひきましょう。(6×5)

① 夜空に 星が 一つ 光った。
② となりの 子どもが 歌を 歌う。
③ きょうの きゅう食は カレーだ。
④ 遠足の 帰りに 見た 夕やけは きれいだった。
⑤ スーパーで 母は パンを 買った。

40頁

主《しゅ》語と述《じゅつ》語に気をつけよう (2)

名前

(1) つぎの文に あてはまる 文のかたちを 下からえらんで ―線で むすびましょう。(10×4)

① 風が ふく。
② 弟は 楽しそうだ。
③ あしたは 日曜日だ。
④ 姉が 歌う。

だれが ― どうする
何が ― どうする
だれは ― どんなだ
何は ― 何だ

（①―何が―どうする　②―だれは―どんなだ　③―何は―何だ　④―だれが―どうする）

(2) つぎの文の〜線は、述語です。主語を 見つけて（ ）に書きましょう。(10×3)
※主語と、述語は同じ文にあるとはかぎりません。

① 先生は、かぶと虫の つかまえかたを おしえてくれました。そして かぶと虫を 一ぴき つかまえました。

（ **先生は** ）

② えんそくで、わたしは、水ぞくかんへ 行きました。そこで イルカを ㋐見ました。イルカは たのしそうに ㋑およいでいました。

㋐（ **わたしは** ）　㋑（ **イルカは** ）

(3) つぎの 主語に つづけて（ ）に 文を つくりましょう。(10×3)

① わたしは（　　）
② とんぼが（　　）
③ 月は（　　）

略

41頁

かん字の読み方

名前

(1) 「上」と「下」は、たくさんの読み方があるかん字です。―線のよこに、読み方を書きましょう。

上 (4×6)

① 教科書の上かんを読む。 **じょう**
② たなに、にもつを上げる。 **あ**
③ 上ばきを あらう。 **うわ**
④ 山の上から 町をながめた。 **うえ**
⑤ はしごをつかって、やねに上る。 **のぼ**
⑥ 川上の水は、きれいだ。 **かみ**

下 (4×7)

① ろう下を走ってはいけません。 **か**
② 木の下で、本を読む。 **した**
③ さか道を下ると、家が見える。 **くだ**
④ 川下は、ながれがゆるやかだ。 **しも**
⑤ 頭を下げる。 **さ**
⑥ 下校の時間です。 **げ**
⑦ あした、この山を下ります。 **お**

(2) つぎの文の、―線のかん字のよこに、読み方を書きましょう。(3×8)

① わたしは 九月 九日の たん生日に 九さいになる。 **く　ここの　きゅう**
② 今月の 十日は、日曜日だ。 **か　にち　び**
③ 花だんに 生えた 草を ぬくのは、二年生の かかりの しごとだ。 **は　せい**

(3) つぎの―線のことばが、正しい方に○をつけ、読み方も 書きましょう。(4×6)

① （ ）かばんに 教科書を 入る。
（○）かばんに 教科書を 入れる。 **い**

② （○）いもうとが 生まれる。 **う**
（ ）いもうとが 生れる。

③ （ ）先生の 話しを きく。
（○）先生の 話を きく。 **はなし**

42頁

きせつのことば 3

秋がいっぱい (1)

名前

● 上の 絵を 見て こたえましょう。

(1) 秋に かんけいの ある 花や 木や 食べものの 名まえを □から さがして 六つ 書きましょう。(10×6)

（例）
（ **かき** ）（ **もみじ** ）
（ **すすき** ）（ **くり** ）
（ **コスモス** ）（ **さつまいも** ）

さくら・ゆず・かき・もみじ・すみれ
すすき・くり・コスモス・さざんか
あさがお・ピーマン・さつまいも

(2) 秋に かんけいの ある 生きものの 名まえを □から さがして 四つ 書きましょう。(10×4)

（例）
（ **赤とんぼ** ）（ **すず虫** ）
（ **こおろぎ** ）（ **ひよどり** ）

てんとう虫・赤とんぼ・かぶと虫
もんしろちょう・すず虫・こおろぎ
くわがた虫・ひよどり・みの虫
みつばち

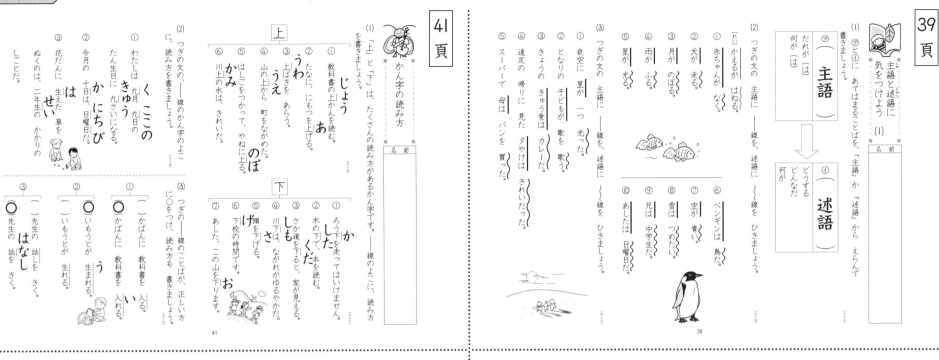

43頁

きせつのことば 3

秋がいっぱい (2)

名前

やま

かんざわ　としこ

ゆうべの　あめが
すっきり　はれて
やまは　ごきげん
あかい　きいろい
もみじきて
くもを　だっこして
すわってる

（令和六年度版　光村図書　こくご　二下　赤とんぼ　かんざわ　としこ）

● 上の　文しょうを　読んで　こたえましょう。

(1) ゆうべは、どんな　てんきでしたか。（14）

（あめ）

(2) いまは、どんな　てんきですか。（14）

（はれ）

(3) もみじの　いろは　なにいろですか。ふたつ　かきましょう。（9×2）

（あかい）（きいろい）

(4) もみじの　いろから　わかる　いまの　きせつを　かきましょう。（14）

（秋）

(5) やまを　にんげんのように　あらわしている　ことばを　しの　中から　さがして　四つ　かきましょう。（10×4）

・ごきげん
・もみじきて
・だっこして
・すわってる

44頁

そうだんに　のってください

名前

かわのさんは、学きゅう会で、読書の時間に　読む本のきめかたを、友だちにそうだんすることにしました。つぎの　話し合いの文しょうを読んで、こたえましょう。

かわの　読書の時間に読む本が、なかなかきめられません。みなさんは、どうやってきめていますか。

もりた　ぼくは、いちど読んでおもしろかった本の作しゃと、同じ作しゃの本をさがして読んでいます。
　おなじ作しゃなら、ちがう本でもきっとおもしろいと思うからです。

すずき　おもしろかった本と、同じ作しゃの本をさがすのですね。
　おすすめの本を、図書しつの先生に聞くのは、どうですか。

さとう　いいですね。ぼくも、同じことを考えていました。先生は、おもしろい本をたくさん教えてくれますね。

かわの　では、いちど読んでおもしろかった本の作しゃと、同じ作しゃの本の中から、図書しつの先生におすすめの本を聞いて、読む本をきめようと思います。

(1) みんなに　そうだんをしている人は　だれですか。また、何を　そうだんしていますか。（15×2）

だれ（かわの）さん

何を（読書の時間に読む本のきめかた。）

(2) もりたさんは、どうやって本を　さがしていますか。（20）

（おもしろかった本の作しゃとおなじ作しゃの本をさがす。）

(3) 友だちの考えを、くりかえして　たしかめている人はだれですか。（15）

（すずき）さん

(4) 友だちのかんがえを、いい考えだと　ほめている人は　だれですか。（15）

（さとう）さん

(5) かわのさんは、友だちに　そうだんして、どのように　読む本を　きめる　ことにしましたか。（20）

（いちど読んでおもしろかった本の作しゃと、同じ作しゃの本の中から図書しつの先生におすすめの本を聞いて　読む本をきめる。）

45頁

紙コップ花火の作り方

名前

　つぎに、花火のぶぶんを作ります。半分に切った紙を、一センチメートルのはばで、手前からおります。このとき、谷おり、山おりのじゅんに、くりかえしておりましょう。はばが細すぎると、花火がうまくひらかないので、気をつけましょう。さいごまでおると、細い長方形になります。それを、長さが半分になるようにおります。かさなるところを、のりでつけて、しゃしん④のような形にしましょう。もう一枚の紙も、同じ形にします。二つできたら、わりばしの太いほうの先に、のりでつけます。わりばしをはさむようにして、つけましょう。
　ア、花火のぶぶんを、紙コップに入れます。紙コップをさかさまにおき、まん中にえんぴつをさして、あなを空けます。そのあなに、わりばしの細いほうを、紙コップの内がわからさしこみます。
　イさいごに、花火のぶぶんと紙コップをくっつけます。セロハンテープで、花火のぶぶんのはしを　紙コップの外がわにとめます。はしの一枚だけを　とめるようにしましょう。
　ウ、紙コップ花火のできあがりです。

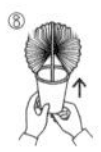

（令和六年度版　光村図書　こくご　二下　赤とんぼ　まるばやし　さわこ）

● 上の　文しょうを　読んで　こたえましょう。

(1) アウにあてはまることばを［　］から　えらんで　書きましょう。（10×2）

［それから　これで　さいごに］

ア（それから）　ウ（これで）

(2) 一センチメートルのはばで、手前から　おるときに　することや、気をつけることがあります。二つ○をつけましょう。（10×2）

（○）谷おり、山おりのじゅんに、くりかえしておる。

（　）長さが半分になるようにおる。

（○）はばが細すぎると、花火がうまく　ひらかないので、気をつける。

(3) さいごにすることは、何ですか。（10×2）

（花火のぶぶん）と（紙コップ）をくっつけます。

(4) つぎの絵は、紙コップ花火の作り方を　かいたものです。

① □に1～4のじゅんばんを書きましょう。（8）

② 絵にあてはまるせつめい文を　――せんで　つなぎましょう。（8×4）

3 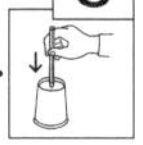 ― 紙コップをさかさまにおき、まん中にえんぴつをさして　あなを空ける。

1 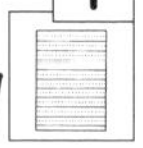 ― 半分に切った紙を、一センチメートルのはばで　手前からおる。

4 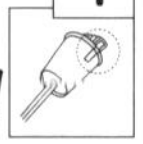 ― 花火のぶぶんと紙コップを　くっつける。

2 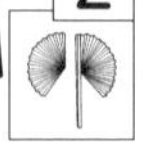 ― 花火のぶぶんを二つ、わりばしの太いほうの先に、わりばしをはさむようにしてのりでつける。

46頁

おもちゃの作り方を　せつめいしよう

名前

けん玉の作り方

しもだ　かほ

　まつぼっくりをつかった、けん玉の作り方をせつめいします。

〈あ　とどうぐ〉
・まつぼっくり　一つ
・毛糸（つくえのよこの長さ）
・紙コップ　二つ
・ガムテープ
・カラーペン

〈い〉
　アまず、毛糸のはしを、まつぼっくりにまきつけます。そして、とれないように、きつくむすびます。
　イつぎに、毛糸のはんたいがわのはしを、ガムテープで、紙コップのそこにつけます。
　それから、その毛糸をはさむようにして、もう一つの紙コップをのせます。ウコップのそことそこをぴったり合わせて、ガムテープでしっかりとめます。
　紙コップに、カラーペンできれいなもようをつけて、できあがりです。

〈う〉
　二つの紙コップに、じゅんばんにまつぼっくりを入れてあそびます。何回つづけてできるか、数えると楽しいですよ。

（令和六年度版　光村図書　こくご　二下　赤とんぼ　「おもちゃの作り方をせつめいしよう」による）

● 上の　文しょうを　読んで　こたえましょう。

(1) あいうにあてはまることばを　からえらんで、（　）に書きましょう。（10×3）

［作り方　ざいりょう　あそび方］

あ（ざいりょう）　い（作り方）　う（あそび方）

(2) アイにあてはまることばを【まず・つぎに・そのうえ】からえらんで、文中の□に書き入れましょう。（10×2）

(3) つぎの文は、けん玉の作り方を　せつめいしたものです。作り方の　じゅんばんになるように、（　）に　1～4のすう字を書きましょう。（10）

（3）毛糸をはさむようにして、コップのそこ　とそこをぴったり　あわせてガムテープでとめる。

（1）毛糸のはしを、まつぼっくりに　まきつける。

（4）紙コップにカラーペンできれいな　もようをつける。

（2）毛糸のはんたいがわのはしを、紙コップのそこにつける。

(4) 毛糸の二つのはしは、どこと、どこについていますか。（10×2）

（まつぼっくり）と（紙コップ）のそこ

(5) ウガムテープでしっかりとめますとありますが、何と何をとめたのですか。（10）

（二つの紙コップのそことそこ）

(6) けん玉のあそび方について書いてある一文を、文中から書き出しましょう。（10）

（二つの紙コップに、じゅんばんにまつぼっくりを入れてあそびます。）

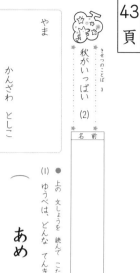

本書の解答は，あくまでもひとつの例です。児童に取り組ませる前に，必ず指導される方が問題を解いてください。指導される方の作られた解答をもとに，児童の多様な考えに寄り添って○つけをお願いします。

47頁

にたいみのことば、はんたいのいみのことば

名前

(1) ——線のことばと にた いみのことばを□からさがして（ ）に書きましょう。(8×4)

① 兄は、家で 学校のことを よく言います。（話し）

② 家の前のどうろに、トラックがとまっています。（道）

③ 山の上から、夕日がしずむようすをながめた。（見た）

④ まっ白で うつくしい 雪げしき。（きれいな）

道　見た　話し　きれいな

(2) ——線のことばと にた いみのことばを□からさがして（ ）に書きましょう。(13×2)

① りっぱな ひげを はやした 王さまが すわっている。（みごとな）

② ゆうえんちで、楽しい時をすごした。（時間）

やさしい　時間　みごとな　できごと

(3) ——線のことばと はんたいの いみのことばを（ ）に書きましょう。(6×4)

① 大きな ぞう。（小さな）ねずみ。

② ぼくのかみの毛は みじかい。姉のかみの毛は（長い）。

③ 朝の（はやい）時間。夜の おそい時間。

④ 右手で おはしを もつ。（左）手で おちゃわんを もつ。

(4) 文に合う「ぬぐ」の はんたいのことばを考えて、（ ）に書きましょう。(6×3)

① くつを ぬぐ。くつを（はく）。

② うわぎを ぬぐ。うわぎを（きる）。

③ ぼうしを ぬぐ。ぼうしを（かぶる）。

48頁

みきのたからもの (1)

名前

［あらすじ］

このお話の、とう場人ぶつは、みきとポロロン星からきたナニヌネノンです。

ナニヌネノンは、みきに、ポロロン星の小さな石をわたしました。その石には、ナニヌネノンの ねがいがこめられていました。

「みきに、きっとまた会えますように。」

みきは、目をかがやかせて、石をうけとりました。きれいな青い石です。ビー玉ぐらいの大きさでした。

手の上の石を 少しかたむけると、かすかに光りました。

「石を、耳に 近づけてみてください。ポロロン星の風の音が 聞こえるはずです。」

と、ナニヌネノンは言いました。

㋐耳に近づけると 本当です。

ザアッ、ザアッ、ザアッ。

風がふきぬけるような音が聞こえました。

あ「ああ、聞こえる。」

よく聞きとろうとして、目をつぶりました。海の音にもにていると思いました。

「みきちゃん、おとなになったら、ポロロン星に来てください。きっと、あそびに来てください。」

と、ナニヌネノンは明るく言いました。

い「どうしたら、ポロロン星に行けるの。」

と、みきはしつもんしました。

う「ええと、そうですね。うちゅうに行けば、その石が 教えてくれます。ポロロン星まで、あんないしてくれるはずです。」

え「どうやって、うちゅうに行けばいいのかな。ええと、あ、分かった。うちゅうひこうしになればいいよね。」

お「いつか、きっと、また会いましょう。そろそろ、わたしは、しゅっぱつします。」

と、ナニヌネノンは、少しいそぐように言いました。

㋑「さようなら。」

と、みきは言いました。きゅうに、さびしい気もちになりました。

「さようなら。またいつか。」

と、ナニヌネノンも言いました。

（令和六年度版　光村図書　こくご　二下　赤とんぼ　はちかい　みみ）

● 上の 文しょうを 読んで こたえましょう。

(1) みきがうけとった石の、色、大きさ、光り方を答えましょう。(5×3)

① 色（青）

② 大きさ（ビー玉ぐらい）

③ 光りかた 少しかたむけると（かすかに光る）

(2) 上のあ〜おはだれが言ったことばですか。みきか、ナニヌネノンかを書きましょう。(5×5)

あ（みき）　い（みき）　う（ナニヌネノン）

え（みき）　お（ナニヌネノン）

(3) ㋐石を耳に近づけるについて、こたえましょう。

① ナニヌネノンは、石を耳に近づけると、どんな音が聞こえるはずだと言っていますか。⑩

（ポロロン星の風の音）

② 耳に近づけると、どんな音が聞こえましたか。⑩

（風がふきぬける）ような音

③ みきは、何の音にも にていると思いましたか。⑩

（海の音）

(4) うちゅうに行けば、何がポロロン星まであんないしてくれますか。⑩

（ナニヌネノンがみきにわたした ポロロン星の小さな）石

(5) みきは、うちゅうに行くには、何になればいいと言いましたか。⑩

（うちゅうひこうし）

(6) ㋑さようならと言ったあと、みきは、きゅうに、どんな気もちになりましたか。⑩

（さびしい気もち）

49頁

みきのたからもの (2)

名前

「さようなら。またいつか。」

と、ナニヌネノンも言いました。

そして、マヨネーズのようきみたいな形の のりものに、するりとのりこみました。

みきは、なんども手をふりました。ナニヌネノンも、のりものの中から 手をふりました。

あ
グイーン、と音を立てて、のりものは、空高くとんでいきました。そして、ぐんぐんと 空にすいこまれていったのです。

みきは、ひらひらとうごくリボンを、目でおいかけました。見うしなわないように、一生けんめい見つめました。リボンは、だんだん見えなくなりました。

もらった小さな石を、ぎゅっとにぎったまま、みきは、ナニヌネノンが きえていった空を 見上げていました。

夕方のからすが、カア、カア、と鳴きながら、とんでいきました。

それからなのです。「しょうらいのゆめ」について しつもんされたとき、みきが「うちゅうひこうし」とこたえるようになったのは。

ナニヌネノンと出会ったことは、だれにも話していません。心の中に、そっとしまっておきたい できごとなのです。

みきのつくえの引き出しには、あのときにもらった ㋐小さな石が、だいじにしまってあります。

ひみつのたからものです。

（令和六年度版　光村図書　こくご　二下　赤とんぼ　はちかい　みみ）

● 上の 文しょうを 読んで こたえましょう。

(1) マヨネーズのようきみたいな形ののりものに のったのは だれですか。⑩

（ナニヌネノン）

(2) ナニヌネノンは、だれに 手をふりましたか。⑩

（みき）

(3) あの文しょうには、みきが、ナニヌネノンを 見おくるときのようすが 書かれています。お話のじゅんになるように（ ）に すう字を書きましょう。⑮

（4）もらった石をぎゅっとにぎったまま、空を 見上げていました。

（2）リボンを目でおいかけました。

（1）なんども手をふりました。

（3）リボンを、一生けんめい見つめました。

(4) あのお話は、いつのできごとですか。（ ）に○をつけましょう。⑩

（ ）朝（ ）昼（○）夕方

(5) 「しょうらいのゆめ」について しつもんされたとき、みきは、なんとこたえるようになりましたか。⑮

（うちゅうひこうし）

(6) みきが、ナニヌネノンと出会ったことを、だれにも話していないのは、なぜですか。⑮

（心の中に、そっとしまっておきたい できごとだから。）

(7) あのときにもらった ㋐小さな石は、どこにしまってありますか。⑮

（みきのつくえの引き出し）

(8) 小さな石は、どんなたからものですか。⑩

ひみつ の たからもの

50頁

お話のさくしゃになろう (1)

名前

はじめ

とんがり山に 赤いやねの 家があります。その家で、くまのプクは、おかあさんと、いもうとのピコの 三人でくらしています。

中

きょうは ピコの たんじょう日。おかあさんは、ケーキを つくります。ピコに なにか いいことを、してあげたいと、プクは 考えました。

あ
「おかあさん。ぼくは、川に ピコのすきな 魚を つりに行っても いいかな。」

と、プクは おかあさんに ききました。

「それは、よい かんがえね。気をつけていってきてね。」

と、おかあさんは、いいました。

「おにいちゃん、いってらっしゃい。」

と、ピコが いいました。

川につくと、プクは、すぐに 魚をつりはじめました。あっというまに、プクは、おいしそうな魚を 十ぴきも つりました。ふと見ると、川のよこに、かわいい花が たくさん さいています。おかあさんも、ピコも、花が すきです。プクは、花も つんで かえることに しました。

プクが 家に帰ると、いいにおいがしています。ちょうど、お母さんの ケーキが できあがったのです。

い「ただいま。」

う「おかえり。まあ、すてき。きれいなお花。」

プクがもって帰った たくさんの魚と花を見て、お母さんとピコが言いました。

え おかあさんは 魚を やきました。

お ピコは、花びんに、花を かざりました。

そして、三人は、きれいな花を見ながら、ピコの大すきな魚と、おいしいケーキを食べました。

おわり

三人は、とても、しあわせな気もちで、ピコの たんじょう日の一日を すごすことができました。

● 上の 文しょうを 読んで こたえましょう。

(1) つぎの文は、お話の まとまりに ついてせつめいしています。それぞれの（ ）に、「はじめ」「中」「おわり」を書きましょう。(5×3)

（おわり）さいごに、とうじょうじんぶつが どうなったか。

（はじめ）とうじょうじんぶつのしょうかいや、おはなしのきっかけ。

（中）だれが、何を言ったり、したりしたかなど、おこったできごと。

(2) 上のお話の□に、「はじめ」「中」「おわり」を書きましょう。(5×3)

(3) 上のお話の とうじょうじんぶつを書きましょう。(6×3)

（プク）（ピコ）（おかあさん）

(4) あの文の中には、会話が三つあります。文の中に、かぎ（「 」）を三かしょに 書きましょう。(6×3)

(5) いとうは、だれが言ったことばですか。（ ）に書きましょう。(6×3)

い（プク）

う（おかあさん）（ピコ）

(6) えおの文の 主語のよこに ——せん、述語のよこに 〜〜せんを 書きましょう。(4×4)

51 頁

お話のさくしゃになろう (2)

名前

● お話を 考えて 下の (あ)～(う)の □に 書きましょう。

・「はじめ」「おわり」は 絵に あわせて 書きましょう。
・「中」で、どんな できごとが おこるかを 考えましょう。
・上の □に その できごとの 絵も かきましょう。

はじめ

(あ)

中

略

(い)

略

おわり

(う)

52 頁

きせつのことば 4

冬がいっぱい (1)

名前

● 上の 絵を 見て こたえましょう。

(1) 冬に かんけいの ある 花や やさいの 名まえを □から さがして 四つ 書きましょう。 (16×4)

(例)
（はくさい）（つばき）（ひいらぎ）（うめの花）（すいせん）

なの花・はくさい・きゅうり・すすき
コスモス・つばき・ひいらぎ・ひまわり
うめの花・れんげそう・すいせん

(2) 冬に かんけいの ある 生きものの 名まえを □から さがして 二つ 書きましょう。 (18×2)

(例)
（はくちょう）（まがも）（みの虫）

てんとう虫・はくちょう・赤とんぼ
かぶと虫・すず虫・まがも・みの虫
ほたる・みつばち・うぐいす

53 頁

きせつのことば 4

冬がいっぱい (2)

名前

ゆき

（文部省唱歌《もんぶしょうしょうか》）

ゆきや　こんこ
あられや　こんこ
ふっては　ふっては
ずんずん　つもる
やまも　のはらも
㋐わたぼうし　かぶり
㋑かれき　のこらず
はなが　さく

（令和六年度版　光村図書　こくご　二下　赤とんぼ　「冬がいっぱい」による）

● 上の しを 読んで こたえましょう。

(1) なにが ふって いますか。二つ 書きましょう。 (12×2)

（ゆき）（あられ）

(2) □に あてはまる ことばを かきましょう。 (12×2)

① ゆきや　こんこ

② あられや　こんこ

(3) つもるようすを あらわす 四字の ことばを 書きましょう。 (12)

ずんずん

(4) ㋐わたぼうし　かぶり　とは、どんなようすを あらわして いますか。 (20)

(例)
（わたのようなゆきがつもるようす。）

(5) ㋑かれき　のこらず　はなが　さく とは、どんなようすを あらわして いますか。 (20)

(例)
（かれきにつもったゆきが花のようにみえてきれいなようす。）

54 頁

ねこのこ おとのはなびら

名前

ねこのこ

おおくぼ　ていこ

あくび　ゆうゆう
あまえて　ごろごろ
たまご　ころころ
けいと　もしゃもしゃ
かくれても　ちりん
しかられて　しゅん
よばれて　つん
ミルクで　にゃん

（令和六年度版　光村図書　こくご　二下　赤とんぼ　おおくぼ　ていこ）

おとのはなびら

のろ　さかん

ピアノのおとに　いろがついたら
ポロン　ピアノが　なるたびに
ポロン　ピアノが　なるたびに
おとのはなびら　へやにあふれて
　にわにあふれて
おとのかだんを　つくるかしら

（令和六年度版　光村図書　こくご　二下　赤とんぼ　のろ　さかん）

● 「ねこのこ」を 読んで こたえましょう。

(1) つぎの ①～④のことばは、ねこの どんなようすを あらわして いますか。あとの □から えらんで、(　)に (あ)(い)(う)(え)で 答えましょう。 (10×4)

① ころころ　（(い)）
② もしゃもしゃ　（(あ)）
③ ちりん　（(う)）
④ つん　（(え)）

(あ) けいとで　あそんでいるようす。
(い) たまごで　あそんでいるようす。
(う) かくれていても、すずの音を ならしてしまうようす。
(え) よばれても　しらないふりをしているようす。

(2) あなたがすきな ねこのようすを「ねこのこ」からさがして書きましょう。 (15)

(例)
（かくれても　ちりん）

● 「おとのはなびら」を 読んで こたえましょう。

(1) 「おと」とは、なんの 音ですか。 (15)

（ピアノ）

(2) いろがついた ピアノのおとを なにに たとえていますか。 (15)

はなびら

(3) 「おとのはなびら」があふれてつくる ものは なんですか。 (15)

（おとのかだん）

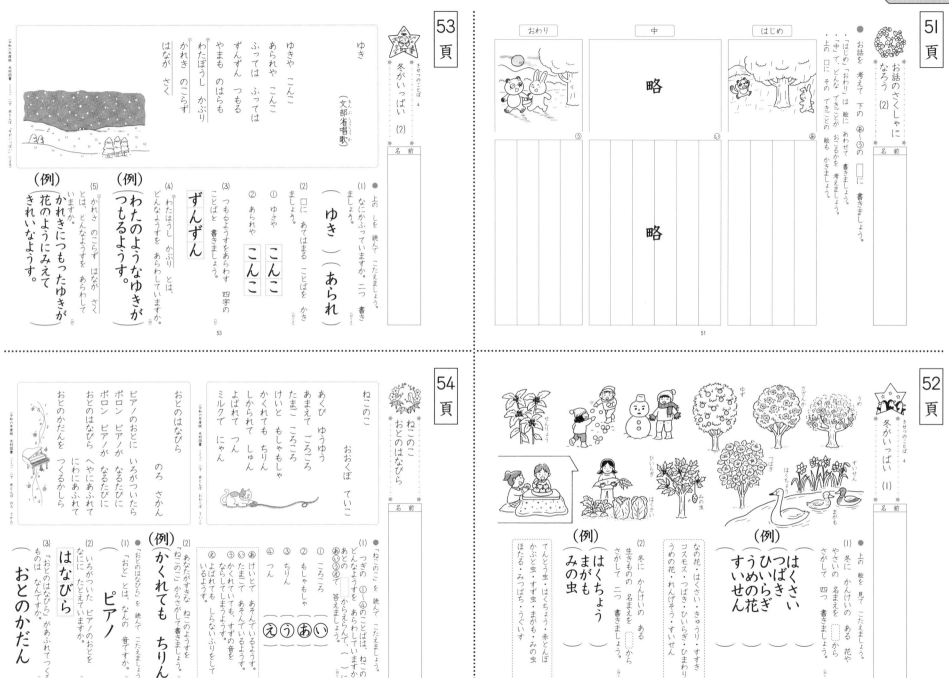

本書の解答は，あくまでもひとつの例です。児童に取り組ませる前に，必ず指導される方が問題を解いてください。指導される方の作られた解答をもとに，児童の多様な考えに寄り添って○つけをお願いします。

55頁

かたかなで書くことば

名前

(1) つぎの①〜④はかたかなで書くことばです。[　]から、あてはまるものをえらんで、（　）に書きましょう。(4×10)

① どうぶつの鳴き声　（ワンワン）（チューチュー）

② いろいろなものの音　（チリンチリン）（ゴーン）

③ 外国から来たことば　（リボン）（セーター）

④ 外国の、国や土地、人の名前　（エジソン）（シンデレラ）（ローマ）（アフリカ）

[チリンチリン　エジソン　リボン　シンデレラ　ローマ　ゴーン　アフリカ　ワンワン　セーター　チューチュー]

(2) かたかなで書くことばを、それぞれ二つさがして（　）に○をつけましょう。(4×6)

① （　）おしょうがつ　（○）ぶれぜんと　（○）くりすます

② （○）とらんぺっと　（　）たいこ　（○）はんどべる

③ （○）たおる　（○）はんかち　（　）てぬぐい

(3) つぎの絵を見て答えましょう。

① かたかなで書くことばを見つけて、かたかなになおして六つ書きましょう。(4×6)

(例) ピアノ　クラリネット　カスタネット
シンバル　トライアングル　タンブリン
バイオリン　マラカス

② 絵の中のことばをつかって、文をつくりましょう。かたかなで書くことばは、かたかなになおして書きましょう。(6×2)

[れい] わたしは、ピアノにあわせてクラリネットをふきました。

（　）（　）

略

56頁

ロボット

名前

㋐ほかに、空をとんで、あぶないばしょのようすを見に行ってくれるロボットもあります。㋑このロボットは、ほかのものにぶつからないようにしながら、きめられたばしょまでとんでいきます。そして、体についているカメラで、空からとります。㋒じしんやこうずいがおきたら、たてものがこわれていないかや、川の水がどれぐらいふえているかを、たしかめなければなりません。でも、歩いてしらべに行くと、とちゅうで道がくずれたり、水がながれてきたりして、けがをしてしまうかもしれません。㋓このロボットがあれば、あぶないばしょに近づけないときに、ロボットがとったしゃしんやどうがを見て、ようすを知ることができます。

（令和六年度版　光村図書　こくご　二下　赤とんぼ　さとう　ともまさ）

● 上の文しょうを読んで　こたえましょう。

(1) ㋐ほかに、どんなロボットがあると書いてありますか。(15)

（空をとんで、あぶないばしょのようすを見に行ってくれるロボット。）

(2) ㋑このロボットは、どのようにして、きめられたばしょまでとんでいきますか。(15)

（ほかのものにぶつからないようにしながら、）きめられたばしょまでとんでいきます。

(3) ㋑このロボットの体には、何がついていますか。(10)

（カメラ）

(4) ㋒じしんやこうずいがおきたら、どんなことをたしかめないといけませんか。二つ書きましょう。(15×2)

（たてものがこわれていないか。）

（川の水がどれぐらいふえているか。）

(5) ㋓このロボットがあれば、どんなことができますか。(10×3)

（あぶないばしょに近づけない）ときに、（ロボットがとったしゃしんやどうが）を見て、（ようす）を知ることができます。

57頁

ようすをあらわすことば

名前

(1) 雨がはげしくふっているようすを、いろんな言い方であらわしてみましょう。（　）にあてはまることばを、[　]からえらんで書きましょう。(6×3)

① 雨が（ざんざん）ふっている。

② 雨が（たき）のように　ふっている。

③ 雨が（バケツをひっくりかえした）みたいに　ふっている。

[ざんざん　バケツをひっくりかえした　たき]

(2) （　）にあてはまることばを、[　]からえらんで書きましょう。(7×4)

①（おぼんのような）まるい月。

②（ゆめのような）たのしいできごと。

③（こおりのように）つめたい手。

④（ねずみのように）ちょろちょろうごく。

[こおりのように　おぼんのような　ねずみのように　ゆめのような]

(3) （　）にあてはまることばを、[　]からえらんで書きましょう。(6×4)

① きゅう食を（もりもり）食べる。

② ふうせんが（ふわふわ）とんでいく。

③ おふろで　体を（ごしごし）あらう。

④ さくらの　はなびらが（ひらひら）ちった。

[ごしごし　もりもり　ひらひら　ふわふわ]

(4) つぎの文の（　）にあてはまることばを、[　]からえらんで書きましょう。(10×3)

日ざしが（ぽかぽか）と　あたたかい春の日。

森には（さわやかな）かぜが（そよそよ）と　ふいていた。

[わくわく　そよそよ　ぐっすりと　ぽかぽか　さわやかな]

58頁

見たこと、かんじたこと

名前

● つぎの　しを　読んで　こたえましょう。

ペンペン草《ぐさ》

ペンペン草を
ふってみた
ペンペンペンって
鳴《な》るかと思《おも》った

ペンペン草を
ふってみた
耳《みみ》たぶがすこし
くすぐったかった

（ハルキ文庫　二〇〇四年発行　阪田寛夫詩集　阪田　寛夫）

(1) くりかえしている文を書きましょう。(10)

ペンペン草を
ふってみた

(2) なぜ、ペンペン草をふってみたのですか。(20)

(例)（ペンペンペンって鳴るかと思っていたので　ためしてみたかったから。）

(3) なぜ、耳たぶがすこし　くすぐったかったのですか。(20)

(例)（ふったときに、ペンペン草が耳にふれたから。）

(4) わくわくしたこと、どきどきしたこと、はっとしたことなどを、しにしてみましょう。(50)

略

59頁

カンジーはかせの大はつめい

名前

(1) つぎの　二つのかん字を合体させると、どんなかん字ができますか。□に、できたかん字をかきましょう。(5×6)

① 糸　会 → 絵
② 日　月 → 明
③ 口　鳥 → 鳴
④ 日　生 → 星
⑤ 竹　合 → 答
⑥ 門　耳 → 聞

(2) □のかん字ができるためには、どんなかん字を合体させるといいですか。あてはまるかん字を□に書きましょう。(5×4)

① 木　交 → 校
② 田　心 → 思
③ 矢　口 → 知
④ 口　玉 → 国

(3) 二つのかん字で、ことばをつくります。あてはまるかん字を［　］からさがして、□に書きましょう。(5×6)

［教　前　国　数　活　谷］

① 算数
② 谷川
③ 名前
④ 教室
⑤ 国語
⑥ 生活

(4) つぎのかん字と、［　］のかん字で、二字のかん字のことばをつくります。できたことばを□に書きましょう。(5×4)

① 会　会話
② 場　広場
③ 気　空気
④ 草　草原

［広　原　空　話］

59

60頁

スーホの白い馬 (1)

名前

　スーホは、友だちにたすけられて、やっとうちまで帰りました。スーホの体は、きずやあざだらけでした。おばあさんが、つきっきりで手当をしてくれました。おかげで、何日かたつと、㋐きずもやっとなおってきました。それでも、白馬《しろうま》をとられたかなしみは、㋑どうしてもきえません。白馬はどうしているだろうと、スーホは、㋒そればかり考えていました。

　白馬は、どうなったのでしょう。

　㋓すばらしい馬を手に入れたとのさまは、まったくいい気もちでした。もう、白馬をみんなに見せびらかしたくてたまりません。

　そこで、ある日のこと、とのさまは、おきゃくをたくさんよんで、さかもりをしました。そのさいちゅうに、とのさまは、白馬にのって、みんなに見せてやることにしました。

　家来たちが、白馬を引いてきました。とのさまは、白馬にまたがりました。

　㋔そのときです。白馬は、おそろしいいきおいではね上がりました。とのさまは、じめんにころげおちました。白馬は、とのさまの手からたづなをふりはなすと、さわぎ立てるみんなの間をぬけて、風のようにかけだしました。

　とのさまは、おき上がろうともがきながら、大声でどなりちらしました。

「早く、あいつをつかまえろ。つかまらないなら、弓でいころしてしまえ。」

（令和六年度版　光村図書　こくご　二下　赤とんぼ　おおつか　ゆうぞう）

● 上の　文しょうを　読んで　こたえましょう。

(1) ㋐きずもやっとなおってきました。と、ありますが、だれが、なにをしてくれたから、なおったのですか。(10×2)

（おばあさん）が（つきっきりで手当て）をしてくれたから。

(2) ㋑どうしてもきえないことは、何ですか。(10)

（白馬をとられたかなしみ。）

(3) ㋒そればかり考えていましたとありますが、スーホは、何を考えていましたか。(10)

（白馬はどうしているだろう。）

(4) ㋓すばらしい馬を手に入れたとのさまの気もちを、二つ書きましょう。(10×2)

・まったく（いい気もち）でした。
・白馬をみんなに（見せびらかしたくて）たまりません。

(5) ㋔そのときとは、どんなときですか。(10)

（とのさまが白馬にまたがったとき。）

(6) ㋔そのときどんなことがおこりましたか。(10×3)

白馬は（おそろしい）いきおいで（はね上がりました）。とのさまは、じめんに（ころげおちました）。

60

61頁

スーホの白い馬 (2)

名前

　家来たちは、いっせいにおいかけました。けれども、白馬《しろうま》にはとてもおいつけません。家来たちは、㋐弓を引きしぼり、いっせいに矢をはなちました。矢は、うなりを立ててとびました。白馬の　せには、つぎつぎに、矢がささりました。

　㋑［それでも］、白馬は走りつづけました。

　そのばんのことです。スーホがねようとしていたとき、ふいに、外の方で音がしました。

「だれだ。」

ときいてもへんじはなく、カタカタ、カタカタと、もの音がつづいています。ようすを見に出ていったおばあさんが、さけび声を上げました。

「白馬だよ。うちの白馬だよ。」

　スーホははねおきて、かけていきました。見ると、本当に、白馬はそこにいました。けれど、その体には、矢が何本もつきささり、あせが、たきのようにながれおちています。白馬は、ひどいきずをうけながら、走って、走りつづけて、大すきなスーホのところへ㋒帰ってきたのです。

　スーホは、㋓はを食いしばりながら、白馬にささっている矢をぬきました。きず口からは、㋔血がふき出しました。

「白馬、ぼくの白馬、しなないでおくれ。」

　でも、白馬は、弱りはてていました。いきは、だんだん細くなり、目の光もきえていきました。

　つぎの日、白馬は、㋕［そして］、しんでしまいました。

（令和六年度版　光村図書　こくご　二下　赤とんぼ　おおつか　ゆうぞう）

● 上の　文しょうを　読んで　こたえましょう。

(1) ㋐矢をはなちましたについてこたえましょう。

① だれが、だれに、矢をはなちましたか。(10×2)

だれが（家来たち（が））　だれに（白馬（に））

② 矢は、どこにささりましたか。(10)

（白馬の　せ）

(2) ㋑㋕の□にあてはまることばを【そして・そのうえ・それでも】からえらんで、□に書き入れましょう。(6×2)

(3) せに　矢がささった白馬は、どうしましたか。(10)

（走りつづけました。）

(4) スーホが、はねおきて見た白馬のようすを　書きましょう。(6×3)

その体には（矢）が何本も（つきささり）、あせが、（たき）のようにながれおちています。

(5) 白馬は、どこへ㋒帰ってきたのですか。(10)

（大すきなスーホのところ）

(6) ㋓はを食いしばりながらスーホは何をしましたか。(10)

（白馬にささっている矢をぬきました。）

(7) ㋔血がふき出したのを見て、スーホは何と言いましたか。(10)

「（白馬、ぼくの白馬、しなないでおくれ。）」

61

62頁

スーホの白い馬 (3)

名前

　かなしさとくやしさで、スーホは、㋐いくばんもねむれませんでした。でも、やっとあるばん、とろとろとねむりこんだとき、スーホは、白馬《しろうま》のゆめを見ました。スーホがなでてやると、白馬は、体をすりよせました。そして、やさしくスーホに話しかけました。

(あ)「そんなにかなしまないでください。それより、わたしの　ほねやかわや、すじや毛をつかって、㋑がっきを作ってください。そうすれば、わたしは、いつまでもあなたのそばにいられますから。」

　スーホは、ゆめからさめると、すぐ、そのがっきを作りはじめました。ゆめで、白馬が教えてくれたとおりに、ほねやかわや、すじや毛を、むちゅうで組み立てていきました。

　㋒がっきはできあがりました。これが馬頭琴《ばとうきん》です。

　スーホは、どこへ行くときも、この馬頭琴をもっていきました。それをひくたびに、スーホは、白馬をころされたくやしさや、白馬にのって草原をかけ回った楽しさを㋓思い出しました。そして、スーホは、㋔自分のすぐわきに白馬がいるような気がしました。そんなとき、がっきの音は、ますますうつくしくひびき、聞く人の心をゆりうごかすのでした。

（令和六年度版　光村図書　こくご　二下　赤とんぼ　おおつか　ゆうぞう）

● 上の　文しょうを　読んで　こたえましょう。

(1) ㋐スーホは、なぜいくばんもねむれなかったのですか。(10×2)

白馬が、しんでしまった（かなしさ）と（くやしさ）でねむれなかったから。

(2) (あ)は、だれのことばですか。あてはまるほうに○をつけましょう。(6)

（　）よわって、しんでいくときの白馬が言ったことば。
（○）スーホのゆめに出てきた白馬が言ったことば。

(3) 白馬は、なぜ、㋑がっきを作ってください。と言ったのですか。文中より書き出しましょう。(10)

（そうすれば、わたしは、いつまでもあなたのそばにいられますから。）

(4) ㋒がっきについてこたえましょう。

① がっきは、白馬の何をつかって作られましたか。四つ書きましょう。(6×4)

（ほね）（かわ）（すじ）（毛）

② がっきのなまえを、ひらがなで書きましょう。(10)

（ばとうきん）

(5) ㋓がっきをひくたびに、スーホは、どんなことを思い出しましたか。二つ書きましょう。(10×2)

（白馬をころされたくやしさ。）
（白馬にのって草原をかけ回った楽しさ。）

(6) スーホは、がっきをひくたびに、どんな㋔気がしましたか。文中より書き出しましょう。(10)

（自分のすぐわきに白馬がいるような気がしました。）

62

本書の解答は，あくまでもひとつの例です。児童に取り組ませる前に，必ず指導される方が問題を解いてください。指導される方の作られた解答をもとに，児童の多様な考えに寄り添って○つけをお願いします。

63 頁

スーホの白い馬 (4)
（全文読解《ぜんぶんどっかい》）

名前

教科書《きょうかしょ》　「スーホの白い馬」を読んで　答えましょう。

(1) つぎの絵が、お話のじゅんになるように、□に1～8のばんごうを書きましょう。(20)

(2) 馬頭琴《ばとうきん》というがっきの名まえは、なぜついたのですか。つぎの文の□に、かん字を一文字ずつ書きましょう。(10×3)

がっきのいちばん 上 が、馬 の 頭 の形をしているから。

(3) つぎの文は、スーホの白馬におこったできごとです。お話のじゅんになるように、（　）にすう字を書きましょう。(20)

（5）とのさまの家来に弓矢でいられて、せに、矢がたくさんささった。
（1）子馬のときに、スーホにたすけられた。
（6）大すきなスーホのところに帰った。
（3）スーホといっしょに、とのさまのけい馬の大会に出て、一等になった。
（4）とのさまにとりあげられたが、にげだした。
（7）しんでしまった。
（8）がっきになった。
（2）ひつじをまもるために、おおかみとたたかった。

(4) スーホはどんな子でしたか。あてはまるもの三つに○をつけましょう。(10×3)

（○）とても歌がうまい。
（○）おかあさんと、年とったおばあさんと、くらしていた。
（○）おとなにまけないぐらい、よくはたらく。
（　）毎朝、たくさんの馬をおって草原に出ている。
（○）まずしいひつじかいの少年。

64 頁

かんじかき　かん字の広場 (1) (2)

名前

● □にかん字を書きましょう。(2×50)

山《やま》と川《かわ》　林《はやし》と森《もり》　海《うみ》と空《そら》　村《むら》と町《まち》
夕《ゆう》日《ひ》　田《た》んぼ　竹《たけ》　青《あお》い　赤《あか》い　貝《かい》がら
玉《たま》のり　草《くさ》と木《き》　学《がっ》校《こう》　車《くるま》　王《おう》さま
下を見《み》る　犬《いぬ》　花《か》だん　草《くさ》とり　かん字《じ》
雨《あめ》　文《ぶん》しょう　口《くち》と耳《みみ》　手《て》と足《あし》
糸《いと》でんわ　天《てん》気《き》　早《はや》おき　花《はな》火《び》　虫《むし》とり
月《げつ》曜日《び》　火《か》曜日《び》　水《すい》曜日《び》　木《もく》曜日《び》
金《きん》曜日《び》　土《ど》曜日《び》　日《にち》曜日《び》

/100

65 頁

かんじかき　かん字の広場 (3) (4) (5)

名前

● □にかん字を書きましょう。(2×50)

手《て》　口《くち》　目《め》　耳《みみ》　先《せん》生《せい》　音《おと》
正《ただ》しい　上に立《た》つ　見《み》つける　赤《あか》い　白《しろ》い
花《はな》　月《つき》　石《いし》　一《いち》年《ねん》生《せい》　大《おお》きい
中《ちゅう》ぐらい　小《ちい》さい　六《ろっ》百《ぴゃく》円《えん》　七《なな》十《じゅう》円《えん》
天《あま》の川《がわ》　千《せん》円《えん》さつ　百《ひゃく》円《えん》玉《だま》
一《いっ》本《ぽん》　二《に》ひき　三《さん》びき　四《よん》たば
五《ご》ひき　九《きゅう》はち　八《はち》人《にん》　早《はや》い　犬《いぬ》
青《あお》空《ぞら》　気《き》もち　上《うえ》　下《した》　左《ひだり》　右《みぎ》
出《で》る　入《はい》る　男《おとこ》の子《こ》　女《おんな》の子《こ》　かけ足《あし》
休《やす》む　力《ちから》もち　竹《たけ》馬《うま》　名《めい》人《じん》

/100

66 頁

かんじよみ　かん字① 読み

名前

● ――のよこに、かん字の読みを書きましょう。(3×33＋名前1)

本を読《よ》む　雪《ゆき》がふる　小さな声《こえ》
おれいを言《い》う　とおくへ行《い》く　南《みなみ》のまど
図書館《としょかん》　おりがみのおり方《かた》　絵《え》をみる
知《し》りたいこと　春《はる》の花　思《おも》い出す　日記《にっき》
金曜日《ようび》　ひき肉《にく》　話《はな》す　聞《き》く
黄色《きいろ》い花　黒《くろ》いくつ　太《ふと》い木　わた毛《げ》
高《たか》い山　風《かぜ》がふく　晴《は》れる
多《おお》い　新《あたら》しい　考《かんが》える　山の形《かたち》
体《からだ》の大きさ　長《なが》いひも　近《ちか》づける
同《おな》じかばんをもつ　今《いま》すぐ

/100

67頁

かんじかき かん字① 書き

名前

● □にかん字を書きましょう。

本を①読《よ》む ②雪《ゆき》がふる 小さな③声《こえ》 おれいを④言《い》う
とおくへ⑤行《い》く ⑥南《みなみ》のまど ⑦図書《としょ》館《かん》
おりがみのおり⑧方《かた》 ⑨絵《え》をみる ⑩知《し》りたいこと
⑪春《はる》の花 ⑫思《おも》い出す ⑬日記《にっき》 金⑭曜日《ようび》
ひき⑮肉《にく》 ⑯話《はな》す ⑰聞《き》く ⑱黄色《きいろ》い花
⑲黒《くろ》いくつ ⑳太《ふと》い木 わた㉑毛《げ》 ㉒高《たか》い山
㉓風《かぜ》がふく ㉔晴《は》れる ㉕多《おお》い ㉖新《あたら》しい
㉗考《かんが》える 山の㉘形《かたち》 ㉙体《からだ》の大きさ ㉚長《なが》いひも
㉛近《ちか》づける ㉜同《おな》じかばんをもつ ㉝今《いま》すぐ

(3×33＋名前1)

/100

67

68頁

かんじよみ かん字② 読み

名前

● ——のよこに、かん字の読みを書きましょう。

①会社《かいしゃ》 ②小刀《こがたな》 ③切《き》る ④町内《ちょうない》 ⑤店《みせ》
⑥姉《あね》と⑦妹《いもうと》 まっすぐな⑧線《せん》 ⑨汽車《きしゃ》にのる
⑩海《うみ》が見える 小さな⑪魚《さかな》 ⑫広《ひろ》いにわ
⑬名前《なまえ》 ⑭元気《げんき》な犬 大きい⑮岩《いわ》
⑯食《た》べられる ⑰教《おし》える 青い⑱光《ひかり》
⑲家《いえ》にかえる 学校の⑳池《いけ》 ㉑後《うし》ろのドア
りんごの㉒数《かず》 ㉓組《く》み立てる ㉔丸《まる》と㉕点《てん》をかく
ノートを㉖買《か》う つな㉗引《ひ》き ちょうの㉘羽《はね》
㉙雲《くも》の上にのる ㉚夏《なつ》休み ㉛公園《こうえん》
㉜通《とお》る ㉝十万《じゅうまん》本の花

(3×33＋名前1)

/100

68

69頁

かんじかき かん字② 書き

名前

● □にかん字を書きましょう。

①会社《かいしゃ》 ②小刀《こがたな》 ③切《き》る ④町内《ちょうない》 ⑤店《みせ》
⑥姉《あね》と⑦妹《いもうと》 まっすぐな⑧線《せん》 ⑨汽車《きしゃ》にのる
⑩海《うみ》が見える 小さな⑪魚《さかな》 ⑫広《ひろ》いにわ ⑬名前《なまえ》
⑭元気《げんき》な犬 大きい⑮岩《いわ》 ⑯食《た》べられる ⑰教《おし》える
青い⑱光《ひかり》 ⑲家《いえ》にかえる 学校の⑳池《いけ》 ㉑後《うし》ろのドア
りんごの㉒数《かず》 ㉓組《く》み立てる ㉔丸《まる》と㉕点《てん》をかく
ノートを㉖買《か》う つな㉗引《ひ》き ちょうの㉘羽《はね》
㉙雲《くも》の上にのる ㉚夏《なつ》休み ㉛公園《こうえん》
㉜通《とお》る ㉝十万《じゅうまん》本の花

(3×33＋名前1)

/100

69

70頁

かんじよみ かん字③ 読み

名前

● ——のよこに、かん字の読みを書きましょう。

①頭《あたま》の中 おじさんが②来《き》た ③鳥《とり》がとぶ
④歌《うた》をきく こたえが⑤分《わ》かる えいがを⑥三回《さんかい》みる
文を書き⑦直《なお》す ⑧朝《あさ》ごはん ⑨顔《かお》をあらう
⑩毎日《まいにち》 ボールを⑪当《あ》てる 食べている⑫間《あいだ》
⑬昼《ひる》ねをする ⑭半分《はんぶん》にわける ⑮電話《でんわ》 ⑯夜《よる》
⑰外《そと》に出る ⑱楽《たの》しむ ⑲親《おや》しむ ⑳午前中《ごぜんちゅう》
㉑父《ちち》 ㉒母《はは》 ㉓兄《あに》 ㉔姉《あね》 ㉕弟《おとうと》 ㉖妹《いもうと》
㉗教科書《きょうかしょ》 ㉘国語《こくご》 ㉙算数《さんすう》 ㉚生活《せいかつ》
㉛図工《ずこう》 ㉜自分《じぶん》 いそがしい㉝時《とき》

(3×33＋名前1)

/100

70

本書の解答は，あくまでもひとつの例です。児童に取り組ませる前に，必ず指導される方が問題を解いてください。指導される方の作られた解答をもとに，児童の多様な考えに寄り添って○つけをお願いします。

71頁

かんじかき　かん字③　書き

名前

●□にかん字を書きましょう。

頭《あたま》の中　おじさんが来《き》た　鳥《とり》がとぶ
歌《うた》をきく　こたえが分《わ》かる　えいがを三回《さんかい》みる
文を書き直《なお》す　朝《あさ》ごはん　顔《かお》をあらう
毎日《まいにち》　ボールを当《あ》てる　食べている間《あいだ》
昼《ひる》ねをする　半分《はんぶん》にわける　電話《でんわ》　夜《よる》
外《そと》に出る　楽《たの》しむ　親《した》しむ　午前中《ごぜんちゅう》
父《ちち》　母《はは》　兄《あに》　姉《あね》　弟《おとうと》　妹《いもうと》
教科書《きょうかしょ》　国語《こくご》　算数《さんすう》　生活《せいかつ》
図工《ずこう》　自分《じぶん》　いそがしい時《とき》

（3×33＋名前1）

/100

71

72頁

かんじよみ　かん字④　読み

名前

●——のよこに、かん字の読みを書きましょう。

家に帰《かえ》る　何《なに》をしようか　知《し》り合い
たぬきの里《さと》　今週《こんしゅう》　当番《とうばん》をかわる
画用紙《がようし》にかく　四角《しかく》く切る　交通《こうつう》あんぜん
風《かぜ》がふく　星空《ほしぞら》　明《あか》るい　東京《とうきょう》
古《ふる》いお寺《てら》　西《にし》の山　止《と》まる
野原《のはら》にさく花　台《だい》にのぼる　船《ふね》にのる
お米《こめ》をかう　秋《あき》の夜　おかしを作《つく》る
理《り》由《ゆう》をきく　少《すこ》し　山と谷《たに》　細《ほそ》い
首《くび》かざり　すずめが鳴《な》く　心《こころ》の中
さむい冬《ふゆ》　雨戸《あまど》をしめる　麦茶《むぎちゃ》をのむ

（3×33＋名前1）

/100

72

73頁

かんじかき　かん字④　書き

名前

●□にかん字を書きましょう。

家に帰《かえ》る　何《なに》をしようか　知り合《あ》い
たぬきの里《さと》　今週《こんしゅう》　当番《とうばん》をかわる
画用紙《がようし》にかく　四角《しかく》く切る
交通《こうつう》あんぜん　風《かぜ》がふく　星空《ほしぞら》
明《あか》るい　東京《とうきょう》　古《ふる》いお寺《てら》　西《にし》の山
とけいが止《と》まる　野原《のはら》にさく花　台《だい》にのぼる
船《ふね》にのる　お米《こめ》をかう　秋《あき》の夜長
おかしを作《つく》る　理《り》由《ゆう》をきく　少《すこ》し　山と谷《たに》
細《ほそ》い　首《くび》かざり　すずめが鳴《な》く　心《こころ》の中
さむい冬《ふゆ》　雨戸《あまど》をしめる　麦茶《むぎちゃ》をのむ

（3×33＋名前1）

/100

73

74頁

かんじよみ　かん字⑤　読み

名前

●——のよこに、かん字の読みを書きましょう。

市場《いちば》へいく　ひろい土地《とち》　答《こた》えを書く
ろうかを歩《ある》く　はかせは天才《てんさい》だ　学校の正門《せいもん》
弓矢《ゆみや》をつかう　計算《けいさん》をする　きゅうしょく室《しつ》
馬《うま》にのる　北《きた》のやね　牛《うし》が草をたべる
やさいを売《う》る　犬が走《はし》る　風が強《つよ》まる
風が弱《よわ》まる　音読《おんどく》する　こん虫《ちゅう》
ノートに書《か》く　はが生《は》える　水中《すいちゅう》
しめり気《け》　一行《ぎょう》目　こま名人《めいじん》　先の方《ほう》を見る
音声《おんせい》　会話《かいわ》　店長《てんちょう》になる　足《た》りる
空《から》っぽ　先生に会《あ》う　みの回《まわ》り　遠足《えんそく》

（3×33＋名前1）

/100

74

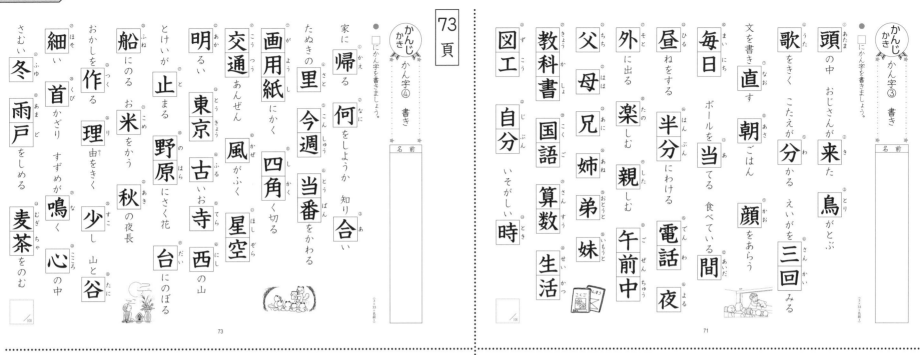

75頁

かんじかき　かん字⑤　書き

名前

● □にかん字を書きましょう。

① 市場《いちば》へいく　ひろい② 土地《とち》　③ 答《こた》えを書く

ろうかを④ 歩《ある》く　はかせは⑤ 天才《てんさい》だ　学校の⑥ 正門《せいもん》

⑦ 弓矢《ゆみや》をつかう　⑧ 計算《けいさん》をする　きゅうしょく⑨ 室《しつ》

⑩ 馬《うま》にのる　⑪ 北《きた》のやね　⑫ 牛《うし》が草をたべる

やさいを⑬ 売《う》る　犬が⑭ 走《はし》る　風が⑮ 強《つよ》まる

風が⑯ 弱《よわ》まる　⑰ 音読《おんどく》する　こん⑱ 虫《ちゅう》

ノートに⑲ 書《か》く　はが⑳ 生《は》える　㉑ 水中《すいちゅう》　しめり㉒ 気《け》

一㉓ 行《ぎょう》目　㉔ 会話《かいわ》　こま㉕ 名人《めいじん》　先の㉖ 方《ほう》を見る

㉗ 音声《おんせい》をきく　㉘ 空《から》っぽ　㉙ 店長《てんちょう》になる

㉚ 足《た》りる　先生に㉛ 会《あ》う　みの㉜ 回《まわ》り　㉝ 遠足《えんそく》

/100

(3×33＋名前1)

75

77頁

かんじかき　かん字⑥　書き

名前

● □にかん字を書きましょう。

① 大切《たいせつ》にする　② 半分《はんぶん》　③ 三人《さんにん》　④ 午前《ごぜん》

⑤ 午後《ごご》　⑥ 時間《じかん》がすぎる　⑦ 親友《しんゆう》

⑧ 何人《なんにん》いますか　⑨ 今週《こんしゅう》のそうじ　⑩ 当番《とうばん》

⑪ 交通《こうつう》　⑫ 風《かざ》車《ぐるま》　いちばん⑬ 明《あか》るい⑭ 星《ほし》　⑮ 金魚《きんぎょ》

⑯ 空《あ》きばこ　⑰ 夜中《よなか》　⑱ 下山《げざん》する　⑲ 長方形《ちょうほうけい》

⑳ 内《うち》がわ　㉑ 新聞《しんぶん》　㉒ 黒《こく》板《ばん》　㉓ 作文《さくぶん》　㉔ 遠《とお》い

㉕ 一生《いっしょう》けんめい　㉖ 雨戸《あまど》　すずが㉗ 鳴《な》る

㉘ 通行人《つうこうにん》　㉙ 土地《とち》　はつめい㉚ 家《か》

㉛ 合体《がったい》させる　けい㉜ 馬《ば》　㉝ 家来《けらい》がいる

/100

(3×33＋名前1)

77

76頁

かんじよみ　かん字⑥　読み

名前

● ―のよこに、かん字の読みを書きましょう。

① 大切《たいせつ》にする　② 半分《はんぶん》　③ 三人《さんにん》　④ 午前《ごぜん》

⑤ 午後《ごご》　⑥ 時間《じかん》がすぎる　⑦ 親友《しんゆう》　⑧ 何人《なんにん》いますか

⑨ 今週《こんしゅう》のそうじ　⑩ 当番《とうばん》　⑪ 交通《こうつう》　⑫ 風《かざ》車《ぐるま》

いちばん⑬ 明《あか》るい⑭ 星《ほし》　⑮ 金魚《きんぎょ》　⑯ 空《あ》きばこ

⑰ 夜中《よなか》に⑱ 下山《げざん》する　⑲ 長方形《ちょうほうけい》の⑳ 内《うち》がわ

㉑ 新聞《しんぶん》　㉒ 黒《こく》板《ばん》　㉓ 作文《さくぶん》　㉔ 遠《とお》いところ

㉕ 一生《いっしょう》けんめい　㉖ 雨戸《あまど》をしめる　すずが㉗ 鳴《な》る

㉘ 通行人《つうこうにん》　㉙ 土地《とち》　はつめい㉚ 家《か》

㉛ 合体《がったい》させる　けい㉜ 馬《ば》　㉝ 家来《けらい》がいる

/100

(3×33＋名前1)

76

改訂版　教科書にそって学べる

国語教科書プリント　２年　光村図書版

2024年3月15日　第1刷発行

企画・編著：原田 善造　他10名
イラスト：山口 亜耶　他
装　　丁：寺嵜　徹　デザイン制作事務所
装丁イラスト：山口 亜耶　鹿川 美佳

発行者：岸本 なおこ
発行所：喜楽研（わかる喜び学ぶ楽しさを創造する教育研究所）
〒604-0854 京都市中京区二条通東洞院西入仁王門町２６番地1
TEL：075-213-7701　FAX：075-213-7706
印刷：株式会社 米谷

喜楽研WEBサイト
書籍の最新情報（正誤表含む）は喜楽研WEBサイトをご覧下さい。

ISBN：978-4-86277-482-8